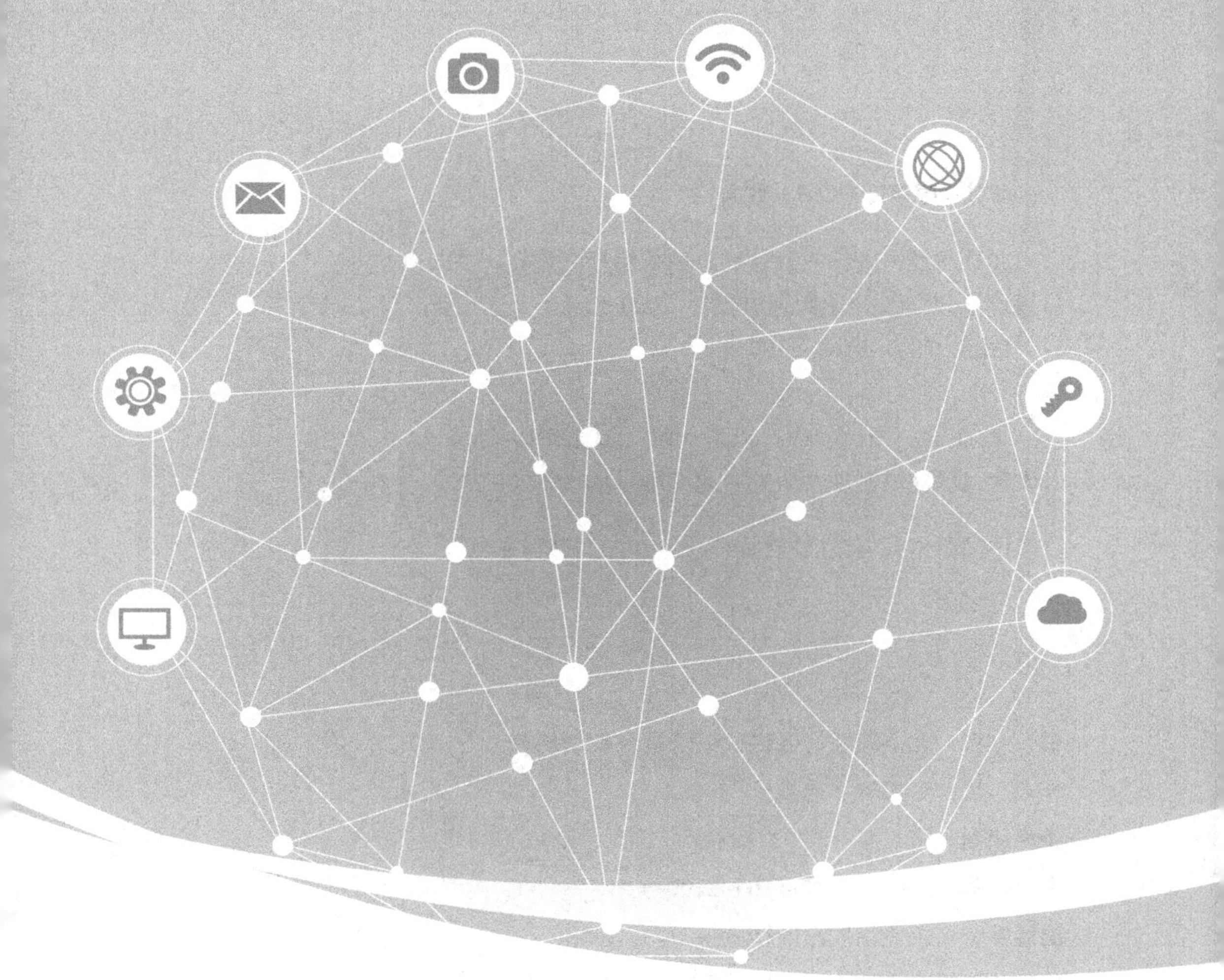

北部湾经济区供应链管理及创新研究

罗如学　尤妙娜◎著

企业管理出版社
EMPH
ENTERPRISE MANAGEMENT PUBLISHING HOUSE

图书在版编目（CIP）数据

北部湾经济区供应链管理及创新研究 / 罗如学, 尤妙娜著. —北京 : 企业管理出版社, 2020.8

ISBN 978-7-5164-2190-1

Ⅰ. ①北… Ⅱ. ①罗… ②尤… Ⅲ. ①北部湾–经济开发区–供应链管理–研究–北海 Ⅳ. ①F259.276.73

中国版本图书馆CIP数据核字（2020）第149045号

书　　名：北部湾经济区供应链管理及创新研究
作　　者：罗如学　尤妙娜
责任编辑：张　羿
书　　号：ISBN 978-7-5164-2190-1
出版发行：企业管理出版社
地　　址：北京市海淀区紫竹院南路17号　　邮编：100048
网　　址：http://www.emph.cn
电　　话：发行部（010）68701816　编辑部（010）68701891
电子信箱：80147@sina.com
印　　刷：北京七彩京通数码快印有限公司
经　　销：新华书店
规　　格：170mm × 240mm　1/16　9.5印张　150千字
版　　次：2020年8月第1版　2020年8月第1次印刷
定　　价：58.00元

前言

中华人民共和国发展和改革委员会（以下简称“国家发展改革委”）、住房和城乡建设部于 2017 年公布了《北部湾城市群发展规划》，并要求培育发展北部湾城市群，努力把北部湾城市群建设成为生态环境优美、经济充满活力、生活品质优良的蓝色海湾城市群。

为实现北部湾城市群经济的良性有序发展，基于北部湾城市群内企业发展的现实，对北部湾经济区供应链管理及创新进行研究，具有重要的现实意义。

本书共分为八章，各章的主要内容简介如下。

第一章，概述。本章主要阐述本研究的背景、意义以及相关概念，阐述基于北部湾城市群发展规划的背景，对北部湾经济区供应链管理进行研究的意义，在此基础上，提出本研究的整体框架和研究的主要内容。

第二章，北部湾经济区供应链组织架构。本章主要对北部湾供应链组织进行分析，并构建供应链组织模型对供应链类型进行分析，研究供应链组织产生的绩效。

第三章，供应链合作企业选择。本章主要对供应链合作企业选择进行研究，具体是从合作企业选择指标构建、供应链合作企业选择机理、供应链合作企业关系三个方面进行研究。

第四章，基于供应链的生产物流协调机制。本章主要是在阐述供应链生产物流管理类型的基础上，对基于供应链的生产物流管理模式及协调机制进行研究；同时分析基于供应链的生产物流的类型、特点等。

第五章，基于供应链的营销及流程再造。本章主要是在分析供应链营销内涵、系统构成的基础上，分析及研究供应链与营销的关系，着重对基于供应链差异化营销组合的构建进行研究，并提出了基于供应链的营销流程再造。

第六章，构建北部湾经济区供应链物流配送系统。本章主要是基于北部湾经济区的现状，构建供应链物流配送系统，同时探讨供应链配送系统构建的指导思想，分析构建原则，特别是提出了供应链物流配送系统总体构想及物流配送路径优化方法。

第七章，基于供应链的企业创新绩效评价及风险管理。本章主要对供应链上的合作企业创新绩效进行探讨，并构建评价指标，同时对供应链存在的风险进行分析与研究。

第八章，总结与展望。本章主要是形成本研究的整体结论，对研究存在的不足进行分析，展望下一步研究方向。

本研究是广东海洋大学寸金学院 2018 重点建设学科——工商管理学科项目研究成果，在相关各方的帮助下，本研究著作得以顺利出版，谨此致谢！

目录

第一章

概　述

第一节 研究的背景与意义

一、研究背景

1. 北部湾发展规划

2017 年，国家发展改革委、住房和城乡建设部公布《北部湾城市群发展规划》（以下简称《规划》），这对于深化中国—东盟战略合作、拓展我国经济发展新空间、推进新型城镇化建设具有重要的战略意义。

北部湾城市群背靠祖国大西南、毗邻粤港澳、面向东南亚，位于全国“两横三纵”城镇化战略格局中的沿海纵轴最南端，是我国沿海沿边开放的交汇地区，在我国与东盟开放合作的大格局中具有重要的战略地位。北部湾城市群规划范围包括广西壮族自治区南宁市、北海市、钦州市、防城港市、玉林市、崇左市，广东省湛江市、茂名市、阳江市和海南省海口市、儋州市、东方市、澄迈县、临高县、昌江县，陆域面积 11.66 万平方公里，海岸线 4234 公里，还包括相应海域。目前常住人口在全国人口中的占比超过 3%，地区生产总值在全国生产总值的占比超过 2%。

根据《规划》，北部湾城市群的总体定位是：发挥地缘优势，挖掘区域特质，建设面向东盟、服务“三南”（西南、中南、华南）、宜居宜业的蓝色海湾城市群。

北部湾城市圈将打造“一湾双轴、一核两极”城市群框架，南宁居于核心位置。北部湾城市群的打造将彰显湾区特色，强化南宁核心辐射带动作用，夯实湛江、海口的支撑作用，重点建设环湾滨海地区和南北钦防、湛茂阳城镇发展轴，提升国土空间利用效率和开发品质，打造“一湾双轴、一核两极”的城市群框架。

“一湾”，指以北海、湛江、海口等城市为支撑的环北部湾沿海地区，并延伸至近海海域。以生态优先，建设蓝色宜居宜业海湾。

“双轴”，指南北钦防、湛茂阳城镇发展轴。南北钦防城镇发展轴依托南宁—北海综合运输通道，以南宁、北海等为重点，加快发展现代服务业、先进制造业，推动钦州和防城港深度同城化发展，强化面向东盟开放合作平台建设。湛茂阳城镇发展轴依托沿海综合运输通道，推动湛茂一体化发展，辐射带动阳江等地区加快发展，提升临港产业绿色发展水平，建设珠三角连接东盟、北部湾城市群连接港澳的陆路大通道。

“一核”，指南宁核心城市。以加快建设南宁特大城市和区域性国际城市为目标，推进要素集聚，强化国际合作、金融服务、信息交流、商贸物流、创业创新等核心功能，建设现代产业集聚区，规划建设五象新区等对外开放合作平台，与构建“一带一路”有机衔接的门户枢纽城市和内陆开放型经济高地。带动吴圩—扶绥、伶俐—六景、宾阳—黎塘等城镇组团一体化发展，打造引领北部湾、面向东盟的现代化大都市区。

“两极”，指以海口和湛江为中心的两个增长极。以共同打造21世纪海上丝绸之路战略支点城市为方向，充分发挥海口综合政策优势，推动集约集聚发展，推进海澄文一体化，加快建设海岛及南海海洋研发和综合产业开发基地；充分发挥湛江南方大港优势，加快构建区域性综合交通枢纽、先进制造业基地和科教创新中心，建设全国海洋经济创新发展示范城市、生态型海湾城市。

2. 本研究的背景

随着全球化日益加深，产业链也越来越全球化，为了实现产品的生产、流通与消费（最终用户）的无缝对接，供应链显得尤为重要。合作竞争时代的到来，使得竞争无国界与企业相互渗透的趋势越来越明显，市场竞争实质上已不再仅仅是单个企业之间的竞争，更多的则是供应链与供应链之间的竞争。

供应链对传统企业管理产生了巨大的冲击，面对竞争日趋激烈的市场环境以及客户需要多样化与个性化、消费水平不断提高的市场需求，一方面，企业越来越注重利用自身的有限资源形成自己的核心竞争力，发挥核心优势；另一方面，企业也在充分利用信息网络寻找互补的外部优势，与其原材料供应商、生产商、分销商、最终用户等上下游企业构建供应链网链组织，通过供应链共同形成合作竞争的整体优势。供应链的基本组成要素为信息流、资金流、物流，它们从供应商到核心企业的上下游企业，再到分销商与最终客户，与伴随而生的废弃物物流、回收物流等，形成了以核心企业为中心的供应链循环体系。

供应链是地区发展的重要的网链结构模式。同样，北部湾经济区的发展也需要一个完整的供应链体系，需要构建开放型供应链，跨区域、跨国的供应链，包括不同区域、不同国家的供应商、生产商、批发商和零售商等，使得资源调配更加有效。包括不同企业在内的整个链条的计划和运作活动的协调，意味着跨越了各个企业的边界，也跨越了国界，从而使供应链整体实现最优化，推动北部湾城市群的经济发展。

二、研究意义

《规划》首次在城市群规划编制中进行陆海主体功能区规划，实现了主体功能区划分的陆海统筹。以北部湾城市群为基地，面向东南亚，积极对接亚太，构建海陆双向对外开放新格局，汇聚国际国内双向产业资源，为北部湾地区的发展提供了强大的动力，也将使其成为沿海地区又一个新的经济增长极。这对实现北部湾城市群经济良性有序发展，基于北部湾城市群内企业发展的现实构建北部湾经济区供应链，具有重要的现实意义。

第二节　供应链概述

供应链通常是指围绕核心企业，从上游企业开始，经过中间环节，形成最终的产品或服务，最后通过销售沟通把产品或服务提供给最终用户（消费者）的全过程。供应链涉及的所有上下游企业，直到最终用户，包含物流、信息流及资金流，形成一个整体的功能网链结构。供应链是从最终用户的角度出发，通过企业间的协作，谋求供应链整体最佳化的过程。

目前，对于供应链尚未形成统一的定义，许多学者从不同的角度出发给出了不同的定义。早期的观点认为供应链是制造企业中的一个内部过程，它是指把企业外部采购的原材料和零部件，通过生产转换和销售等活动，再传递到零售商和用户的一个过程。传统的供应链概念仅局限于企业的内部操作层上，注重企业自身的资源利用。

也有一些学者把供应链的概念与采购、供应管理相联系，用来表示与供应商之间的关系，这种观点得到了研究合作关系、JIT（Just In Time，准时制）生产方式、精细供应、供应商行为评估和用户满意度等问题的学者的重视。但这样一种关系也仅仅局限在企业与供应商之间，而且供应链中的各企业独立运作，忽略了与外部供应链成员企业的联系，往往造成企业间的目标冲突。

后来出现的供应链概念注意了与其他企业的联系，以及供应链的外部环境，认为它应是一个“通过链中不同企业的制造、组装、分销、零售等过程将原材料转换成产品，再到最终用户的转换过程”，这是更大范围、更为系统的概念。例如，美国的史蒂文斯（Stevens）认为：“通过增值过程和分销渠道控制从供应商的供应商到用户的用户的流就是供应链，它开始于供应的源点，结束于消费的终点。”伊文斯（Evens）认为：“供应链管理是通过前馈的信息流和反馈的物料流及信息流，将供应商、制造商、分销商、零售商，直到最终用户连成一个整体的模式。”这些定义都注意了供应链的完整性，考虑了供应链中所有成员操作的一致性（链中成员的关系）。而在之后，供应链的概念更加注重围绕核心企业的网链关系，如核心企业与供应商、供应商与供应商乃至与一切前向的关系，与用户、用户的用户及一切后向的关系。此时对供应链的认识形成了一个网链的概念，像丰田、耐克、尼桑、麦当劳和苹果等公司的供应链管理都是从网链的角度来实施的。哈里森（Harrison）进而将供应链定义为：“供应链是执行采购原材料，将它们转换为中间产品和成品，并且将成品销售到用户的功能网链。”这些概念同时强调了供应链的战略伙伴关系问题。菲利普（Phillip）和温德尔（Wendell）认为在供应链中战略伙伴关系是很重要的，通过建立战略伙伴关系，可以与重要的供应商和用户更有效地开展工作。在此基础上，供应链的定义变得更加宽泛，包括了围绕核心企业将产品或服务提供给最终用户，涉及信息流、物流、资金流的全过程。它是一个范围更广的企业结构模式。随着信息技术的发展，供应链将不仅是提供产品或服务，而且会更进一步提供技术等更广泛的各种最终用户所需。

从供应链的结构模型可以看出，供应链是一个网链结构，它具有以下一些主要特征。

1. 复杂性

因为供应链节点上企业组成的跨度（层次）不同，供应链往往由多个、多类型甚至多国企业构成，所以供应链结构模式比一般单个企业的结构模式更复杂。

2. 动态性

为了实现企业战略，满足适应市场需求变化的需要，供应链节点上的企业需要进行动态更新，这就使得供应链具有明显的动态性。

3. 面向用户需求的特性

供应链的形成、存在、重构，都是基于一定的市场需求而发生的，并且在供应链的运作过程中，用户的需求拉动是供应链中信息流、产品/服务流、资金流运作的驱动源。

4. 交叉性

供应链节点上的企业可以是这个供应链的成员，同时也可以是另一个供应链的成员，众多的供应链形成交叉结构，增加了协调管理的难度。

第三节 研究思路

1. 研究目的

以基于北部湾城市群的北部湾经济区供应链管理及企业创新绩效为研究对象，研究北部湾经济区供应链对北部湾城市群发展的作用；在研究北部湾经济区供应链组织架构的基础上，构建供应链组织模型，并对北部湾经济区供应链管理中的供应链物流配送系统的构建、供应链合作企业选择、生产物流协调机制、营销及流程再造进行深入研究；深入探讨供应链企业创新绩效，同时分析供应链存在的风险。为北部湾经济区的企业发展与合作、供应链管理提供理论支持。

2. 研究路径

本研究的主要路径，如图 1–1 所示。

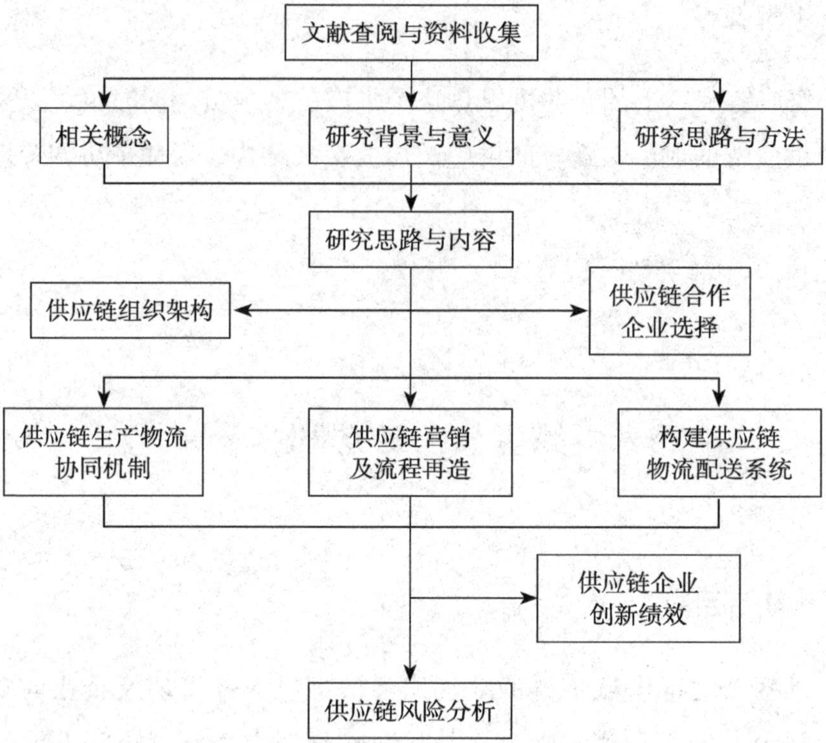
文献查阅与资料收集
相关概念
研究背景与意义
研究思路与方法
研究思路与内容
供应链组织架构
供应链合作企业选择
供应链生产物流协同机制
供应链营销及流程再造
构建供应链物流配送系统
供应链企业创新绩效
供应链风险分析

图 1–1　研究路径图

第二章

北部湾经济区供应链组织架构

第一节　北部湾供应链组织模型

建立组织架构是进行系统管理最重要的环节，而基于《规划》构建北部湾经济区供应链，建立供应链管理组织架构，则决定着北部湾经济区供应链管理体系的完善与否。如何根据北部湾经济区实际，建立或重组企业间或企业内的业务流程和组织结构，使企业内部各项活动之间紧密衔接，保证北部湾经济区内的物流、信息流、资金流畅通无阻，对于整个北部湾经济区供应链管理体系来说，显得尤为重要。

一、供应链管理结构模型

由形成供应链所需的各个环节（企业），从供应链最上游的企业到最终用户，包含链中的原材料供应、生产制造、产品形成、分销等过程，形成一个涵盖物流、信息流和资金流的整体的供应链结构模型，如图 2–1 所示。从最上游的企业到最终用户，整个供应链实现了增值，所以说，供应链也是一条增值链。

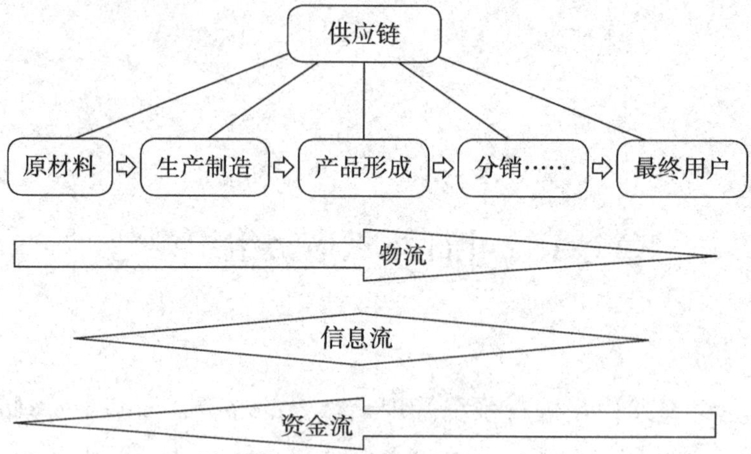

图 2-1　供应链结构模型

从供应链的结构模型可以看出，供应链是一个网链结构，从原材料供应商、生产制造企业一直到最终用户，彼此存在供应与需求关系，期间还涉及物流、信息流和资金流。它主要具有以下特征：

1. 网链结构性

因为供应链的各个节点由不同生产环节的企业组成，包括不同层次的企业、多个或多类型甚至多国企业。供应链节点上的企业可以是这个供应链的成员，同时也可以是另一个供应链的成员，众多的供应链形成交叉结构。

2. 更注重用户需求

供应链是以最终用户为中心，注重用户的体验，其在形成过程中都是以最终用户的体验为导向。供应链在运转过程中，以最终用户的需求拉动产品的生产及流动，其必然涉及供应链中的信息流、物流和资金流流转。

3. 供应链构成的动态性

为了让最终用户有更好的产品体验，满足最终用户的需求，及时适应市场需求的变化，供应链中的节点企业会进行动态更新，形成优进（链）劣出（链），所以供应链具有明显的动态性。

二、供应链管理组织设计

组织与现代管理存在着极为密切的联系。组织是管理的一个重要职能。组织设计论的代表人物布朗在他的《企业组织》一书中指出："管理是为经营目的服务的，组织是为管理服务的。"组织是实现管理目的的手段，被视为进行有效管理的工具。

供应链管理组织的主要职责是完成生产所需要的原材料的供应、生产制造、产品流通并送达最终用户的任务，供应链组织设计要围绕着产品整体活动进行，使其能有效满足最终用户的需要及最大可能地产生效益及价值。

1. 组织设计目的

北部湾经济区供应链组织设计的目的，就是根据北部湾的区域特点，通过创构柔性灵活的组织，动态地反映外在环境变化的状况，并且能够在组织演化成长的过程中，有效地积聚新的组织资源要素，同时协调好组织中企业间的关系，使企业明确自己在组织中的地位及作用，保证组织活动有效开展，最终保证组织目标的实现。

供应链组织设计的任务，主要是综合考虑所构建的供应链组织所处的北部湾经济区，以及北部湾经济区内企业所处的宏观和微观的经济环境、企业发展战略、技术水平、企业规模以及生命周期等各种因素，设计清晰的组织结构，规划和设计供应链组织中各个企业的作用。

2. 组织设计影响因素

（1）节点企业所属类型因素。不同类型的供应链，其供应链组织结构设计也相应地各有特点。比如生产型的供应链，就要关注供应链的原材料企业、生产企业、流通企业和销售等。因此，供应链组织的设计要根据供应链的实际情况进行。

（2）企业的战略因素。企业组织是帮助企业管理者实现管理目标的重要工具。因为目标产生于组织的总体战略，所以，供应链组织的设计应该与企业的战略紧密配合，企业战略应当服从于供应链组织结构的需要。

（3）企业的技术因素。供应链管理是以价值增加为目标，其与企业以追求利润为目标相一致，都需要采取一定的技术，将投入转换为产出。因此，在进行供应链组织设计时，要重视技术对组织结构提出的要求。

（4）企业的环境因素。企业环境是组织结构设计的一个主要影响因素。要构建北部湾经济区供应链管理体系，首先，从北部湾经济区出发，要有较为稳定的企业环境；其次，根据产品实际，形成具有特色的区内企业，更有利于供应链组织结构的稳定；最后，供应链管理组织应该能够针对环境的变化做出有益于供应链组织运行的反应，组织设计要充分体现出结构的柔性特征。

总之，北部湾经济区供应链管理组织设计一定要从地域的实际出发，综合考虑企业的规模、产权制度、生产经营特点、企业组织形态及实际管理水平等多种因素，以构建最适宜的供应链管理组织。

3. 组织设计原则

管理是计划、组织、领导、协调和控制等各个方面的活动总和，而组织是管理过程中不可或缺的手段。那么，要构建北部湾经济区供应链组织，就必须遵循一定的原则，从而使其成为一个有秩序、高效率的供应链组织体系。

（1）有效性原则。供应链组织设计的核心是体现组织的有效性，这是衡量组织结构合理与否的基础因素。有效性原则要贯穿在供应链组织的动态过程中。在供应链组织的运行中，要能反映供应链组织的目标和规划，要能适应企业内部条件和外部环境的变化。供应链组织的结构形式、机构的设置及其改善，都要以是否有利于推进供应链组织合理化这一目标的实现为衡量标准。

（2）统一指挥原则。遵循组织统一指挥原则，其实质是要建立供应链组织的合理的纵向层次和设计合理的垂直机构。在统一指挥原则下，供应链组织一般要进行组织层次的划分，以体现纵向指挥系统的分工和分权原则。供应链组织层次的合理划分，是形成强有力的供应链组织指挥体系的前提。供应链组织指挥体系的建立，对于实现供应链组织化、形成价值链具有重要意义。

（3）以客户为中心原则。供应链组织的构建应该以市场和客户为中心，如果所构建的供应链组织不能以客户为中心，那么其就不能快速响应市场需求及其变化，最终会被市场所淘汰。供应链组织要实现以客户为中心，快速响应市场需求，就必须有合理的组织架构和流程作为保证。

第二节 供应链组织类型

随着时间的推移和社会的发展，企业竞争的理念也在不断改变，其核心竞争已由企业个体上升至供应链组织的竞争。

一、供应链的类型

根据不同的角度，可以将供应链分为不同的类型。例如，按照产品特点分类，可分为精益型供应链和敏捷型供应链；按照供应链级数分类，可分为二级供应链、三级供应链和多级供应链；按照供应链所属行业分类，可分为制造供应链和服务供应链。

由于供应链是由最终用户的需求驱动的，因此，用户对产品的偏好直接决定了供应链的性能。根据用户需求的特点，可将产品分为两大类，即功能性产品和创新性产品。功能性产品主要面向基本需求，具有生命周期长、需求稳定、产品改型变异程度小等特点。相反，创新性产品则主要面向创新性需求，具有生命周期短、需求不稳定、产品改型变异程度大等特点。

不同的产品决定了不同类型的供应链。与功能性产品相匹配的类型是精益型供应链，其核心是消除一切形式的浪费，以尽可能地节约产品成本，在市场上形成比竞争对手更有利的价格优势。与创新性产品相匹配的类型是敏捷型供应链，其核心是提高产品的柔性，以尽快满足复杂多变的需求，赢得更多的客户。

值得一提的是，随着大规模定制方式在制造企业的普遍应用，精益－敏捷型供应链也相应出现。精益－敏捷型供应链是指在整条供应链的下游环节遵循敏捷型供应链的基本原则，以对复杂多变的市场需求迅速做出反应，在上游环节遵循精益型供应链的基本原则，以尽可能地降低生产最终产品的原材料和零部件的成本。

二、供应链组织的类型

由于受到成长背景、行业特征、信息化水平、企业规模等各种因素的影响，各公司的组织结构千变万化、不尽一致，但是，构建供应链组织必须强调供应链的稳定性和创造性。根据供应链的规模和水平，其主要有以下几种组织结构类型。

1. 传统供应链

这种组织结构是按需求形成松散的组织形式。供应链的上下游企业只是以需求来确定他们之间的关系，需求结束时，他们之间就基本上没有了太多联系，企业之间没有协调，各企业总是从各自的利益出发，很难就某一产品的生产或研发达成一致，甚至有时信息会被扭曲或延迟，权利界限和责任模糊。

2. 功能集合型供应链

功能集合型供应链是指在传统供应链结构的基础上，各企业在一定的程度上进行联合，相互之间有一定的沟通，但也仅仅是基于产品的上下游企业之间的物料（产品）的需要性，并以此制订计划和进行协调。

功能集合型供应链结构并没有增加管理幅度，它比较适合于外部环境较为稳定、采用常规技术、重视内部营运效率的中小规模供应链。总体来说，这种功能整合并未改变供应链组织企业的分散性，容易造成供应链组织内企业的分散状态，而影响供应链整体的合理化与效益。如果企业想从提高供应链效率的角度来考虑建立一个有效的供应链工作体制，那么供应链组织就需要将链上的企业按产品生产需要进行进一步的融合。

3. 功能独立型供应链

在功能独立型组织结构中，核心企业有能力将供应链中的物质配送和物料管理形成相对独立的闭环体系。供应链上下游的角度更加明确，保证生产和营销的充分协调，能够更好地适应并满足市场的需求。但是，这种功能独立型供应链结构设计思想、角色管理也存在不能完全符合现实供应链建设的需要，因为功能独立型供应链具有封闭性，内部不容易出现创新的因素。现实中的许多供应链采用此类型的组织结构后，对供应链结构改革的愿望和呼声越来越高，这也反映出功能独立型供应链结构的不足之处。

随着企业管理者对供应链的认识不断提高，供应链在企业经营中的重要性越来越大，具有行业优势的企业在供应链组织结构中的地位日益变得重要。

第三节　供应链组织绩效

供应链协会（Supply Chain Council）在供应链运作参考模型（6.0版本）中推荐的供应链绩效关键评价指标共有13个（见表2-1）。这些指标从供应链的交货可靠性、响应性、柔性、成本和资产管理效率五个方面构建了供应链绩效评价指标体系。

表2-1　供应链绩效关键评价指标

性能特征	特征定义	指标
交货可靠性	正确的产品、正确的地点、正确的时间、正确的数量、完好的质量	交货能力
		订货满足率
		订单完全执行率
响应性	商品送达客户的速度	订货提前期
柔性	灵活性	供应链响应时间
		生产柔性
成本	消耗的成本	供应链管理总成本
		产品销售成本
		增值生产率
		担保成本或退货处理成本
资产管理效率	资金利用的有效性	可供应存货天数
		现金周转期
		资产周转率

供应链绩效关键评价指标表中各指标的具体含义如下：

（1）交货能力，即按照客户要求的天数（或在客户要求的天数之前，或在原计划的交货天数之前）执行订单的百分比。

（2）订货满足率，即在收到订单的24小时内用库存发货的订单百分比。

（3）订单完全执行率，即满足全部交货要求的订单完成百分比，同时达到按时、按质、按量，具有完整和准确的单证，且没有出现货损现象。

（4）订货提前期，即从客户放单到收到订货实际所需的平均时间。

（5）供应链响应时间，即供应链系统对需求的非正常或显著变化的响应时间。

（6）生产柔性，即上游企业达到所能承受的非计划的22%增产能力所需要的天数；在没有存货或成本损失的情况下，下游企业在交货期30天前达到所能承受的订货减少百分比。

（7）供应链管理总成本，即供应链相关成本总和，包括管理信息系统、财务、计划、存货、物料采购和订单管理成本等。

（8）产品销售成本，即购买原材料和加工制造成本，包括直接成本和间接成本。

（9）增值生产率，即产品销售总额减去物料采购总成本，再除以用工总人数。

（10）担保成本或退货处理成本，即物料、劳动力和产品缺陷的问题诊断成本或退货处理成本。

（11）可供应存货天数，即以计提超储和过期损失之前的标准成本计算的存货总值。

（12）现金周转期，即存货供应天数加上销售未付款天数，再减去采购原料的平均付款天数。

（13）资产周转率，即产品销售总额除以净资产总额的比值。

建设供应链的目的是对所有原材料和产成品的物流活动进行战略管理及全程规划并有效实现增值，最终实现全链企业的利益最大化。供应链的出现是企业间联系与协调的最重要的变化之一。

从近年来供应链组织的进一步发展变化来看，不少先进企业都调整了企业内部结构以适应供应链组织形式，而供应链组织形式的主要作用表现在以下两个方面。

1. 降低企业相关成本

由于供应链组织的形成，使得上下游企业之间的各种生产经营活动衔接更加紧密，甚至部分设计、研发及生产工作会提前放到上下游企业，让其提前介入，以降低相关成本。在目前的企业管理活动中，物流成本衡量的计算体系尚未确立，能明确本企业物流成本在销售额中所占比例的企业并不多。特别是在企业财务管理中，尽管损益计算表里的销售费用等一般费用科目将搬运费、保管费等对外支付的费用分开表示，但企业内的物流设备折旧、固定资产税、保险等费用和物流部门的人力费用等都与其他部门的费用一起表示，因而在企业财务中无法真正了解物流部门整体的费用，在这种状况下，实现成本削减的目标将变得十分困难。在供应链组织中，一方面，由于物流公司是一个近似自负盈亏的独立经营实体，因而在内部费用管理上会更为有效，可消除设备的重复投资、人力费用过大等现象，遏制物流成本上升的一些主要因素；另一方面，对供应链上的各个企业来讲，由于物流公司的独立性，形成了供应链上的内部市场，从而有利于促进供应链上各企业的管理效率，改变原来管理重商不重物的状况。

2. 推进企业的发展

供应链组织的建立不仅改变了以往企业单打独斗的状况，而且在供应链不断降低成本的要求下，促使各企业努力实现经营管理及物流合理化、现代化和高水平发展，以力求既能满足供应链组织的要求，又能在竞争中实现服务和成本上的优势。在此基础上，供应链不仅满足了本企业的业务需要，而且实现了供应链组织效率的整体优化。

除了上述两个作用外，供应链组织还能够使各企业实现有效的融合与协同，将企业控制于供应链整体发展之中，这样既能保障独立企业有效地开展业务，迅速缩短单个企业在技术管理创新上所花费的时间，又能保障供应链组织整体战略的协调性。

第三章

供应链合作企业选择

第一节 合作企业选择指标构建

在选择供应链合作企业时，需要有一个基于所在供应链实际情况而确定的客观标准，而力求摒弃过多的主观成分。目前合作企业的选择标准多集中在供应商的产品质量、价格、柔性、交货准时性、提前期和批量等方面，其具有一定的合理性，但最重要的还是要适应供应链的实际需求。构建北部湾经济区供应链，就需要基于北部湾经济区的现实，形成一个全面的合作企业综合评价指标体系，以对合作企业做出全面、具体、客观的评价。

一、供应链合作伙伴关系研究问题的认识

随着科学技术的进步和生产力的发展，企业之间的竞争日益加剧，消费者的需求特征也发生了前所未有的变化，整个世界的经济活动出现了前所未有的全球经济一体化特征，这些变化对企业参与竞争的能力提出了更高的要求，原有的管理思想已不能完全适应新的竞争形势的发展。众多的管理者逐步认识到，任何一个企业都不可能在所有业务上成为世界上最杰出的企业，只有优势互补，才能共同增强竞争实力。因此，一些企业摒弃了过去那种从设计、制造直到销售都自己负责的“纵向一体化”经营模式，转向在全球范围内与供应商和销

售商建立最佳合作关系的“横向一体化”经营模式，与他们形成一种长期的战略联盟，结成利益共同体。

传统企业单纯的买卖关系，开始转向一种新型的供应链合作伙伴关系。新型的合作伙伴关系与传统的买卖关系的根本区别就在于时间，即长期与短期的区别。这个群体中的企业都是合作伙伴，伙伴即是友好的、长期的、共荣的。企业应该在寻求自身发展的同时为其他伙伴企业多考虑，应该推己及人，站在他们的角度思考问题，相互信任，加强联系，增进相互之间的了解，保持一致性，实现信息共享。在建立长期合作关系的同时，群体中的每一个企业都应集中精力去巩固和发展自己的核心能力和核心业务，利用自己的优势资源，发挥自己的核心优势，与合作企业建立良好的协同关系，以降低供应链的总成本，提高效益。这样，供应链合作企业就能产生更大的竞争优势，最终达到共赢。

二、选择的基本原则

供应链的实质在于，上游企业向链上的下游企业提供产品或服务，上下游企业形成一个完整的链条。在供应链中，每一个合作企业都是上级节点组织的用户，又是其下级合作企业的供应商。

在供应链上，一个良好的合作企业应具备稳定的业绩和良好的信誉，以合理而有竞争性的价格提供产品；对市场不可预见的需求变化做出快速反应；能够主动提供附加增值服务来帮助上下游企业降低成本；技术力量强大，能够为买方企业开发领先的优势技术，并具备区位优势等。

因此，基于北部湾经济区构建供应链，其合作企业的选择应遵循以下原则。

1. 区位优势原则

利用北部湾经济区连接粤桂琼三省的区位优势，通过构建供应链壮大优势产业，发展现代产业体系，强化交通运输枢纽地位，在更高层次参与国际经济合作和竞争；加强和完善跨区域合作机制，消除市场壁垒，促进要素流动。

坚持把北部湾经济区区位优势放在供应链发展的优先位置，同时充分利用资源优势和距离作用，发挥区域产业和科技基础较强的优势，完善现代产业体系，构建区域供应链。

2. 区别对待原则

在供应链环境下，在合作企业的选择上，企业应着眼于集中发展其核心业务并寻求与合作企业建立长期协同关系，而非一般的产品供应买卖关系。只有与优质的企业建立合作伙伴关系，才能达到节约管理成本及降低管理难度的目标，从而增加运作效率。

3. 目标最优原则

在选择合作企业时，可能会面对大量的供应商，而且他们在政治、法律和文化等方面都有较大的环境差异，如果对每个供应商都进行详细的综合评价，工作量必然会非常大，成本效益比太低。所以，选择时应以区位优先，并且采用多目标比较最优的模式。

三、供应链合作企业选择指标构建步骤

供应链合作伙伴建立关系的首要环节是合作企业选择，由于合作伙伴选择涉及许多因素，因此必须从多方面权衡，兼顾定性、定量指

标及指标权重，建立一套评价指标体系，全面考察潜在的伙伴企业，通过对各潜在伙伴企业的特征信息进行分析、整理、评估，从中做出优化选择。

供应链合作伙伴关系是供应链管理的重要组成部分，而供应链的构建通常是以核心企业作为构建主体，而且核心企业基本能够主动控制供应链的构建全过程，而慎重选择合作企业是合作的第一步。

核心企业在进行合作企业的选择之前，首先应将本企业在生产过程中需要采购的物资进行分类。为了使后续合作企业的评价和选择过程更加快捷、高效和准确，在进行正式评价之前应该开展必要的可行性过滤工作。所谓可行性过滤是指合作企业的粗筛选过程，其主要目的在于从众多候选供应商中迅速筛选出基本符合条件者，通过减少供应商的数目来减轻下一阶段的工作负荷。完成可行性过滤工作之后，对筛选合格的供应商将进行下一轮评选。在现今复杂多变的市场环境下，更需要依照科学、合理、规范的程序来操作。

1. 分析需求

供应链核心企业要与合作企业建立起相互信任、协同发展的良好的长期合作伙伴关系，必须首先对核心企业所处的市场竞争环境进行细致的分析，根据提供的产品和服务进行市场开发并建立有效的供应链合作关系。核心企业须横向比较其产品或服务与市场上的产品或服务的优缺点，确定供应链发展的方向，据此来确定供应链合作关系。

2. 选择目标

核心企业在构建供应链，与合作企业建立合作伙伴关系时，必须首先明确企业开展合作要实现的目标。核心企业必须确保选择合作企业时能够依照合理的程序，有效地树立实质性的目标，并保证这些目标通过供应链上下游企业的合作努力是可以实现的。这样，才能保证所构建的供应链的有效性，不会偏离既定的目标。

3. 评价筛选

供应链核心企业进行合作企业评价时，需要根据所构建的供应链的目标制定合作企业评价的依据和标准。核心企业要对潜在的合作企业进行评价和选择，必须建立起一套科学合理的指标体系。虽然不同行业、不同企业、不同产品需求和环境下的合作企业选择标准是不一样的，但一般情况下都会涉及以下一些可能影响合作关系的方面：合作企业的企业能力、财务状况、设备管理、人力开发、质量控制、成本控制、技术开发、合作程度等。

4. 开展合作

核心企业在与合作企业开展合作时，市场环境和客户需求将会不断地发生变化。此时，核心企业必须紧密地追踪市场需求，调整自己生产和经营的侧重点，如有必要的话，还必须依据实际情况的需要及时修改对合作企业的评选标准，或重新开始新一轮的合作企业选择。要注意的是，核心企业在开始新一轮的合作企业选择时，应给予新旧合作企业以足够的时间来适应这种角色和地位的变化。

核心企业对合作企业的选择是一个动态的过程，期间必须对市场环境及其他影响因素予以足够的重视，而且要针对环境的变化对合作企业的选择标准进行修改。这样，整个选择程序才是完善的，以此为基础所产生的评选结果才是可行和可信的，才能构建起良好的供应链，并为合作企业提供最有效的保障。

第二节 供应链合作企业选择机理

一、供应链合作伙伴选择的必要性

在现代企业合作及供应链科学理念的引导下，为进一步提升企业的核心竞争力、降低资源配置成本和更好地满足客户个性化需要，人们开始将管理目光从企业内部的生产或服务过程转向产品和服务的全过程的供应链。企业的竞争，已不再是单个企业的竞争，而是供应链之间的整体竞争。

企业的发展需要摒弃过去追大求全或小而全的纵向一体化组织模式，其往往只有规模而不经济，因而也是缺乏竞争力的。其主要的缺陷包括：纵向一体化迫使企业从事并不擅长的业务，难以集中力量形成自己的核心竞争力；纵向一体化迫使企业在不同的业务领域内直接面对不同的竞争对手，如果供应链上的节点出现问题，纵向一体化的链节就会断裂或扭曲，从而增加企业经营风险。所以，采用供应链的企业合作模式，更有利于企业的发展。

二、供应链合作企业选择策略

现代供应链是由一个个合作企业组成的有机联合体，那么链上每一个节点的企业的表现都将影响到供应链的整体实力和效能的发挥。如果供应链合作企业选择不慎，将会影响或降低供应链的竞争力，所以科学选择最佳的合作企业是构建供应链的关键。

在构建供应链时，合作企业的核心竞争力和市场发展方向是首要考虑点，要选择具有良好商业信誉的企业作为合作伙伴，应考虑每个合作企业都要成为供应链上的一个有机组成部分。这就要求每一个合作企业必须以诚信为本，严格履行制订的计划。事实表明，只有信誉卓著的企业，才能成为供应链上可信赖的战略合作伙伴。

供应链上往往有多个合作企业，具有整体性、综合性、相关性的特点，所以要着眼于将供应链构建为一个有机体系，使合作伙伴将每一环节的成本都降至最低，并且使产品质量和研发创新能力得到有效提升。

从供应链运行的信息管理角度出发，要选择能够组合于统一公共信息平台的企业作为合作企业。供应链的每一要素之间的互动都需要通过信息沟通来完成，信息成为供应链实现“粘合”与“无缝对接”的重要因素，因此，在供应链环境下，企业间必须建立一个通用的信息平台，使全体成员的信息系统彼此相联，共享生产、库存、运输、销售、配送、交付以及市场供需等动态信息，彼此配合，协作经营。同样，仓储商、运输商也应该与生产商、销售商等分享相关的业务信息，以确保科学配送，准时送达，形成良好的物流运行系统。

构建供应链的目的是要使整个供应链产生的价值最大化。供应链总体盈利越高，也就说明管理越成功。供应链如果想实现总体盈利，那就需要做到：一是要让供应链上的所有合作企业整体有利；二是要通过技术或管理上的支持和协调来帮助合作企业降低成本，达到多赢共荣的目的；三是要适度地让出自己的部分利润给合作伙伴，以换取供应链整体效益的提高。

三、供应链合作企业选择标准

为了保障供应链整体运转畅通，需要核心企业以产品或服务为导向，选择那些与核心企业发展理念、产品或服务相一致的企业进行合作。而构建北部湾经济区供应链，还要考虑北部湾经济区的企业发展现状及技术水平等相关因素，来确定合作企业，这是一项需要深入细致地考察与评价的工作。这个工作应由核心企业中负责供应链构建的战略合作部门牵头，其他各部门协调协助才能完成。

在北部湾经济区供应链合作企业的选择上，主要需考虑几个因素：区域优势、拥有核心竞争力、企业战略思想、企业业绩与经营状况、有效的交流与信息共享。

1. 区域优势

构建北部湾经济区供应链，在合作企业的选择上首先应考虑其地域性。北部湾经济区内的企业具有一定的地理优势，其物流更为方便、快捷，更有利于资源融合。

2. 拥有核心竞争力

拥有核心竞争力的企业，能够为供应链带来更具竞争优势的资源，并且提供更为有效的资源配置与整合方式。而随着企业资源的变化以及配置与整合效率的提高，企业的核心竞争力也会随之发生变化。凭借着核心竞争力产生的动力，一个企业就有可能在激烈的市场竞争中脱颖而出，使其产品和服务的价值在一定时期内得到提升，增加供应链的竞争能力。

3. 企业战略思想

企业战略思想是指导企业发展的基本理念，其指导制订供应链发展目标，指导供应链及企业的生产经营活动，并在实践中不断地丰富发展。战略思想的价值，取决于其反映供应链竞争客观规律和发展趋势的程度。先进的战略思想对供应链及企业的发展有着重要的指导作用。

4. 企业业绩和经营状况

经营业绩和经济状况能够直观反映由企业经营活动而带来的整体财务状况与经营成果。企业业绩是企业经营行为的最终结果，也是检验现代企业制度建立工作是否成功的重要标志。具有良好、稳定的企业业绩和经营状况的企业，对于提升整个供应链的业绩和经营成果有着重要的推动作用。

5. 有效的交流与信息共享

有效的交流与信息共享是提高信息资源利用率，避免在信息采集、存储和管理上重复浪费的一个重要手段。信息共享的效率依赖于信息系统的技术发展和传输技术的提高，必须严格在信息安全和保密的条件下实现。有效的交流与信息共享，能够很好地解决供应链上下游在工作协作方面的数据需求问题，有利于供应链的发展。

第三节　供应链合作企业关系

一、供应链合作企业选择方法

如何建立科学有效的供应链合作企业选择模式，是构建供应链所面临的最重要的问题。因此，不论是理论界还是企业界人士都在积极寻找一种有效的合作企业选择方法。现有的合作企业选择方法主要有主观经验法、数学计算法和软件智能法三类。主观经验法主要包括直观判断法、协商选择法、招标法和专家组法等；数学计算法主要包括采购成本比较法、ABC 成本分析法、层次分析法、粗糙集约简法、模糊综合评价法等；软件智能法主要包括人工神经网络算法等，它利用计算机系统，能够模拟人脑的某些智能行为。下面择要介绍几种常见的合作伙伴选择方法。

1. 层次分析法

这种方法是 20 世纪 70 年代由著名运筹学家托马斯 · 塞蒂（T.L.Satty）提出的，韦伯（Weber）等据此提出利用该方法来选择合作伙伴。层次分析法将决策人对复杂系统的评价决策思维过程数学化，从而降低了决策中主观臆断造成的不精确性。它的基本原理是根据具有递阶结构的目标、子目标（准则）、约束条件、部门等来评价方案，采用两两比较的方法，确定判断矩阵，然后把判断矩阵的最大特征相对应的特征向量的分量作为相应的系数，最后综合给出各方案的权重。它作为定量和定性相结合的工具，具有很大的优越性，并在 MATLAB（美国 MathWorks 公司出品的商业数学软件）平台上进行运算实现。

2. 粗糙集约简法

粗糙集理论是波兰数学家帕武拉（Pawlak）于 1982 年提出的，是一种新的处理含糊性和不确定性问题的数学工具。相对于概率统计、模糊集等处理含糊性和不确定性的数学工具而言，粗糙集理论有着这些理论所不具备的优越性。统计学需要概率分布，模糊集理论需要隶属函数，而粗糙集理论的主要优势就在于它不需要关于数据的任何预备的或额外的信息。

（1）评价指标。为了确保供应商供货稳定，保证质量，必须与供应商建立合作伙伴关系。在供应商的评价选择过程中，首先需要根据实际情况，确定出重要评价指标。

（2）评价指标决策表。对影响因素的描述一般为逻辑语言，而不是数值。比如，对于供应商的产品竞争力、技术服务水平、交货质量，都可以描述为很好、较好、一般、较差。如果将这些影响因素定义为逻辑变量，那么逻辑变量的取值为逻辑值。对因素的考虑就转化为对逻辑变量的处理，即根据实际情况确定逻辑变量的取值。逻辑值可通过专家评价法来取得，为方便起见，用 4、3、2、1 分别表示上述等级。

（3）评价指标的属性约简。属性约简分为两步，一是先寻找核属性，二是寻找最小约简。采用数据分析法，逐一去掉条件属性，看是否对正确分类产生影响，如果有影响则为核属性，否则为非核属性。

（4）评价指标体系的建立。由粗糙集约简评价指标得出核属性，将核属性按序号重新编号，作为选择供应商的重要属性，并据此建立评价指标体系。

3. 粗糙集—层次分析法

该方法是在选择供应商的评价系统中，将粗糙集约简得到的重要指标作为层次分析法的评价指标。由于粗糙集理论有强大的数值分析能力，一方面可以避免层次分析法在指标选定过程中的指标量过于限定，另一方面可通过定量计算得出更为合理的评价指标。粗糙集—层次分析法的主要过程为：首先利用粗糙集属性约简算法对指标体系进行约简，然后根据约简后得到的指标体系，利用层次分析法对供应商进行评价选择。

4. 人工神经网络算法

人工神经网络是20世纪80年代后期迅速发展的一门新兴学科。将人工神经网络应用于供应链环境下的合作伙伴选择，意在建立更加接近人类思维模式的定性和定量相结合的综合评价选择模型。通过对给定样本模式的学习，获取评价专家知识、经验、主观判断及对目标重要性的倾向，当对合作伙伴做出综合评价时，利用该方法可以再现专家的经验、知识和知觉思维，从而实现定性与定量分析的有效结合，也可以较好地保证合作伙伴综合评价结果的客观性。

二、供应链合作企业关系概述

在一个企业能从实施供应链战略合作关系获益之前，首先必须认识到供应链的合作是一个复杂的过程，供应链合作关系的建立不仅是企业上下游企业结构上的变化，而且在企业战略发展与合作的观念上也必须有相应的改变，所以企业构建供应链开展合作应依据供应链合作标准，研究相关具体情况，选择合作企业，以确保有效实现供应链合作关系的利益。

1. 传统的上下游企业关系

传统的企业关系，其实就是简单的上下游之间的买卖关系。根据生产需要，下游企业向上游企业提出物料、服务或技术的购买需求，然后就是付款、发货，企业之间的合作主要体现为买与卖的关系。基于这种买卖型的企业关系，企业的经营管理理念都是以自我为中心的，上下游企业间的关系也只表现在需求与供应上，缺乏应有的沟通与合作，更谈不上企业间的战略联盟与协作。传统的企业关系如表3-1所示。

表 3-1　传统的企业上下游关系

质量	供应企业负责满足需求企业的质量要求，需求企业负责接受并检验质量能否达到要求
成本	选择合作企业的标准是在满足质量要求的前提下价格最低
发运	需求企业提供一份标明所需产品、数量和要求发运日期的合同。需要安全库存以防止发运延误而导致的问题
柔性	需求企业通过寻找新的供应商来实现供应来源的多元化。如果交易成本过高，需求企业会倾向于自制产品
企业合作关系	需求企业开发供应网络中从原材料到标准部件的产品和流程，把半成品或部件的生产委托给供应商，需求企业控制质量，特别是第一次发运的质量

这种传统的企业上下游关系，是以传统的产品买卖为特征的短期合同关系，企业间合作较少，关系的持续期也是不确定的，任何关系都可能被其他关系所取代。双方的利益在很大程度上是对立的，由于双方很少关注除了价格和质量以外的东西，所以往往导致运作上的低效率。由于信息的不透明，使得需求的很小的波动都会导致生产的很大的波动，致使大量的缺货和库存现象出现，运作流程上也往往存在重复和盲点，供货提前期冗长，使企业很难对市场变化做出快速的反应，在供应链的管理战略上存在种种的不协调。

2. 战略合作关系

为了适应消费需求的多元化和快速变化，传统的以生产为中心的企业关系，开始转向供应链企业合作关系。这是一种以核心企业为中心的合作化关系，它的基本目标是实现供应链合作企业效率和利益的最大化，并且在实现效率和利益最大化的过程中，从合作企业合作关系、供应关系、联合运作水平、技术水平及原材料和库存的管理等方面，寻求减少企业生产经营活动中的浪费的办法。在供应链上的各个企业，为了达到生产经营的均衡化和物流的同步化，必然要加强企业与企业之间的合作与沟通，因此形成一种战略层面的合作关系。合作企业之间的信息交换与共享、服务支持、协同开发、合作决策，以及供应链企业战略合作的柔性化与敏捷性等，将使其能够更好地应对和适应越来越激烈的市场竞争。供应链企业战略合作关系，主要以实现集成化战略合作关系和信息共享的网络资源关系为特征，如表 3-2 所示。

表 3–2　供应链企业战略合作关系

质量	供应链上的各方都对最终用户的满意度负责；各方共同提高对质量的要求
成本	具有供应链管理的所有优势，这导致了更低的交易成本；链上成员都可以分享降低成本的方法和知识；每个成员都具有各自领域的核心竞争力，使得资源的投入能够产生更好的回报
发运	链上成员统一物流运作；对合作伙伴的选择上主要考虑效率，也就是合作者对缩短提前期的贡献
柔性	链上所有成员共同推动产品的开发；买方市场保证了这一方法的有效性，交易成本低，买方相对比较容易安排替代的供应商
供应链合作企业关系	所有成员从一开始就涉及产品和流程的开发；所有成员都参与计划与控制过程

三、供应链合作企业关系的基本内容

建立供应链合作伙伴关系的目的在于通过提高信息共享、企业协同发展水平，减少整个供应链产品的库存总量，降低成本，提高整个供应链的运作绩效。

不同的研究者对供应链合作伙伴关系的认识也不尽相同。马洛尼（Maloni）等人认为，供应链合作伙伴关系是供应渠道中的两个独立实体为了取得特定的目标和利益而结成的一种关系，这种关系通常可以通过降低总成本、降低供应链上的库存和增加信息共享水平来提高每个成员的财务和经营绩效。

雷克汉姆（Rackham）认为，真正的企业变革，指的是组织之间以团队合作、合理创造价值的方法来产生变化；公司开发出新的合作经营方法，协助企业以取得前所未有的活力和竞争力。这种新的关系就被称为“伙伴关系”。

罗伯特 · 维尔库卡（Robert.J.Vlkurka）等人指出，伙伴关系是买方和供应商就一段较长时间达成的承诺和协议，其内容包括信息共享以及分享和分担由于伙伴关系带来的利益和风险，也就是说，伙伴的概念必须建立在合作和信任之上。

马士华教授认为，供应链的合作伙伴关系，也就是供应制造关系，或者称为卖主 / 供应商—买主关系、供应商关系。

供应链合作伙伴的驱动力主要有三个：企业的核心竞争力；不断变化的顾客期望；业务外包战略。

企业的核心竞争力是指企业具有某种能力，这种能力是其他企业不能模仿的，或者其他企业能够模仿但需付出极大的成本或代价。它是建立在企业核心资源的基础之上，企业技术、产品、管理、文化的综合优势在市场上的反映，同时也是一个组织内部具有的一系列互补的技能和知识的结合，既有一项或多项业务达到竞争领域一流水平的能力，又能够为顾客提供某种特殊的利益。企业核心竞争力具有价值优越性、难以替代性、差异性和可延伸性四个特点，这说明具有核心竞争力的企业在创造价值和降低成本方面比竞争对手更优秀，能为顾客带来更大的利益，生产出来的产品在市场上不会轻易被其他产品所替代，在同行业中与众不同，至少比其他竞争者优越，不仅能为当前提供某种特殊的产品或服务，而且还可以帮助企业下一步开发新的产品或进入新的领域。

产品的生命周期越来越短，对产品革新的要求越来越高，大规模生产越来越被满足客户个性化需求的定制生产所取代。企业为满足消费者的需求，需要不断地进行个性化的产品设计，在市场上众多的产品中突出企业的特色，同时消费者对产品质量、可靠性以及优异性能的要求，也要求企业具有快速反应满足顾客需求的能力，以及提供高水平的顾客服务的能力。这些变化的出现，都要求供应链上的各个企业实现良好的合作，从而提高反应速度，减少浪费，实现运作的高效率，从而更好地满足顾客的需求。

在供应链管理环境下，企业强调集中精力和资源在核心竞争力上，强调根据企业的具体情况和自身特点，专门从事某一个领域、某一专门业务，只在某一方面形成自己的核心竞争力，这就必然要求企业将其他非核心竞争力的业务外包给其他企业去做，这就是目前许多企业采用的业务外包战略。供应链管理环境下的资源配置决策是一个不断增值的决策过程，如果企业能够通过业务外包以更低的成本获得比自制更高价值的资源、更短的生产时间和更高的生产率，那么企业就应该选择业务外包，它可以使企业减少固定资产的投资，降低成本，减少浪费，从而获取比较优势。同时，实行业务外包战略还可以使企业保持柔性优势、质量优势和专业化优势。供应链管理的出现，使企业从传统的“纵向一体化”转向“横向一体化”，加快了企业的发展速度和技术革新，通过供应链上不同企业的外向资源配置，企业可以在全球范围内选择最优秀的合作伙伴以实现技术上的创新，以最快的速度对市场需求做出反应，从而保持竞争优势。

建立供应链合作伙伴关系的作用，主要体现在以下两个方面。

1. 创新企业合作模式

供应链是现代企业合作模式的创新，是新的利润源。在供应链中，上下游企业形成了战略联盟，因此它们的关系是相对稳定的，它们通过信息共享形成双赢关系，实现社会资源的最佳配置，降低社会总的成本，避免了企业间的恶性竞争，提高了各企业和整个供应链及全社会的效益。

供应链企业合作模式，加速了现代生产方式的产生和发展。其以企业的核心竞争优势为中心，实现全球化的采购、全球化的组织生产和全球化的销售，于是使现代物流成为与现代生产方式衔接的枢纽，与现代物流共生的供应链管理成为现代生产和现代物流的有力工具。

现代的供应链管理使上下游企业形成有效合作的战略联盟，社会竞争从企业的竞争转变为供应链之间的竞争，而供应链的管理并不仅限于技术和管理方法，还涉及企业组织和产业组织的重构这样深层次的问题，要真正实施供应链的管理，就必须在企业内部进行业务流程的重构和企业组织机构的重构。

2. 对企业生产经营模式产生重要的积极作用

现代供应链的形成，对企业的生产经营模式产生了重要的积极作用。第一，减少不确定因素。供应链企业所面对的供需关系上的不确定因素，可以通过相互之间的合作消除；通过合作，共享需求与供给信息，能使许多不确定因素得以明确，降低甚至消灭库存。第二，快速响应市场。企业可以集中力量于自身的核心竞争优势，充分发挥各方的优势，迅速开展新产品的设计和制造，从而使新产品响应市场的时间明显缩短。第三，加强企业的核心竞争力。以战略合作关系为基础的供应链管理，能充分发挥企业的核心竞争优势，使其获得竞争地位。第四，用户满意度提升。从产品设计、产品制造过程到售后服务，供应链成员企业共同应对，合作共赢，制造商帮助供应商更新生产和配送设备，加大对技术改造的投入，提高产品和服务质量，从而有效地提升了用户满意度。

第四章

基于供应链的生产物流协调机制

第一节　供应链生产物流管理的类型

生产活动是供应链合作企业最重要的内容，而生产物流与企业生产密切相关，是企业物流的关键环节，认识并研究生产物流的基本原理，建立比较完善的生产物流计划和控制标准体系，将有利于企业物流优化，增强企业竞争力。

一、生产物流概述

《物流术语》（GB/T 18354—2006）中对生产物流的定义是：生产过程中，原材料、在制品、半成品、产成品等企业内部的实体流动，是生产工艺中的物流活动。

供应链生产物流是基于供应链并根据生产需要，有计划、有步骤地将原材料、燃料、外购件投入生产后，经过下料、领料，运送到各生产加工点和存储点，以在制品的形态，按照规定的工艺过程进行加工、储存；基于供应链上的合作企业，从一个生产单位（合作企业）到下一个生产单位（合作企业），又依次流转到再下一个生产单位（合作企业），始终体现着物料实物形态的流转过程。

（1）生产物流是在预定计划的基础上，进行一个或一系列有规律的“流”的过程，这种过程将必定导致特定结果的出现。为满足社会需要并获得盈利，从事生产经营活动首先应制订生产计划，按照生产计划组织原材料、燃料、外购件采购并有序地投入生产中，实现下料、领料，生产合格产品，然后运输到下一加工点再生产或储备。生产的物料就是在不断地离开上一工序，进入下一工序，不断发生搬上搬下、向前运动、暂时停滞等活动，不会出现向后运动等阻碍“流”过程。这种过程是与整个生产工艺过程伴生的，是生产工艺过程中的一部分，这就是“工艺是龙头，物流是支柱”的管理思想。

（2）生产物流活动实体是物。当原材料、燃料、外购件进入生产线，在进行下一步生产加工及借助一定的运输装置流动过程中，本身被加工，并随着时间进程会不断改变自己的实物形态和场所位置，直到实现生产加工终结，进入产品仓库。

（3）生产物流过程需要物流信息支持。生产物流存在加工、装备、存储、搬运、等待等多个生产环节，这些环节流通不畅将影响生产顺利进行。通过对信息的收集、传递、储存、加工和使用，可以实现各环节的协调一致，保证生产的顺利进行。

二、基于供应链的生产物流类型

在供应链生产物流下，合作企业的生产规模和专业生产化程度越高，物流过程的稳定性和重复性也就越大；反之，企业的产量越小，产品的品种数则越多，生产专业化程度也越低，而物流过程的稳定性和重复性也就越小。可见，生产物流的类型与产品产量、产品品种和专业化程度有着一定的内在联系。

（1）合作企业间物流。供应链合作企业间物流是指在供应链合作企业间的运输物流或独立工厂与材料、配件供应商之间的物流。其内容包括各合作企业内原材料、零部件存储和加工件的集中存储、产成品的集中存储。

（2）工序间物流。某一合作企业内的工序间物流也称为工位间物流、车间物流，指生产过程中车间内部和车间、仓库之间各工序、工位上的物流。内容包括：接受原材料、零部件进行存储；加工过程中的在成品存储；成品出厂前存储；各种物料在车间、工序之间的搬运。

合理性原则体现在仓储环节的要求是：首先，要以工艺流程和生产作业顺序的要求确定仓库的形式、规模和位置，要符合物流移动中道路通畅、安全的要求，以及有利于厂内外物流作业，尽可能在方便作业的前提下缩短作业距离。其次，要有利于作业时间的有效利用，避免重复作业，减少窝工，防止物流阻塞。最后，在符合安全规范的前提下充分利用空间和面积。

合理性原则在物料搬运环节的要求是：首先，搬运路线要按直线设置，避免交叉、往复、混杂、多余路线，提高运输效率。其次，搬运设备机械化、省力化、标准化，提高搬运效率。再次，物料集中堆放以便于减少搬运次数，搬运采用集装、托盘、托运方式以提高作业效率。最后，减少等待和空载，提高作业者和搬运设备利用率。

第二节　供应链生产物流管理的模式

一、基于供应链的生产物流特点

基于供应链的生产物流起于原材料、外购件的购入，止于产品入库。这种过程实质上是每一个生产加工过程连续而成的生产物流活动。其在整个供应链的生产物流活动中体现出如下特点。

（1）连续性、顺畅性。要使物料总是处于不停的流动之中，保持空间上的连续性和时间上的流畅性。空间上的连续性要求生产过程各个环节在空间布置上合理紧凑，使物料的流程尽可能短，没有迂回往返现象。时间上的流畅性要求物料在生产过程的各个环节自始至终处于连续运动状态，没有或很少有不必要的停顿与等待现象。

（2）平行交叉性。物料在生产过程中应进行平行交叉流动。平行是指相同的在制品同时在数道相同的工作地（机床）上加工滚动；交叉是指一批在制品在上道工序还未加工完时，将已经完成的部分在制品转到了下道工序加工。平行交叉流动可以大大减少产品的生产周期。

（3）比例性。生产过程的各个工艺阶段之间、各工序之间要在生产能力上保持一定的比例以适应产品制造的要求。比例关系表现为各生产环节的工人数、设备数、生产面积、生产速率和开动班次等因素之间的相互协调和适应，所以比例是相对的、动态的。

（4）均衡性。产品从投料到最后完工都能按预定的计划或一定的节拍、批次均衡地进行，能够在相等的时间间隔内（如月、旬、周、日）完成大体相等的工作量或稳定递增的生产工作量，很少有时松时紧、突击加班现象。

（5）准时性。生产的各阶段、各工序都按后续阶段和工序的需要进行生产，即在需要的时候，按需要的数量，生产所需要的零部件。只有保证准时性，才有可能推动上述的连续性、平行性、比例性和均衡性。

（6）柔性、适应性。加工制造具有一定的灵活性、可变性和可调节性，即在短时间内以最少的资源从一种产品的生产转换为另一种产品的生产，从而适应市场的多样化、个性化要求。

二、基于供应链的生产物流模式

基于供应链的生产物流模式，供应链上合作企业的生产过程组织，通常被划分为一些基本的生产单位，如传统的车间、工段和班组作业组织。企业的组织工作以最大限度地提高企业的综合生产效率为目标，对企业的人力、设备、物料等在空间上和时间上进行科学组织和安排，保证企业按质、按量、及时地向社会提供物优价廉的产品，促进企业效益和社会效益的最大化。

1. 按工艺专业化形式组织生产物流

工艺专业化形式也叫工艺原则。其特点是把同类的生产设备集中在一起，对企业准备生产的各种产品进行相同工艺的加工。在企业生产规模不大、生产专业化程度低、产品品种不稳定的单件小批生产条件下，则适宜按工艺专业化组织生产物流。

按工艺专业化形式组织生产物流的优点在于：

（1）产品的制造路线有一定的弹性，比较灵活的方式能较好地适应产品品种变化的要求；

（2）有利于提高设备利用率，个别设备故障对整体生产进程影响较小；

（3）工人工作岗位固定，长期操作某一设备将有助于其提高专业技能。

按工艺专业化形式组织生产物流的缺点在于：

（1）产品在加工过程中的运输路线较长，运输原材料、半成品的工作量较大；

（2）产品在加工过程中停放、等待的时间增多，延长了生产周期，增加了在制品，占用了更多资金；

（3）各生产单位之间的协作、往来频繁，使生产作业和计划管理、物流管理、在制品管理以及产品的成套性工作比较复杂。

2. 按对象专业化形式组织生产物流

对象专业化形式也称为对象原则，是以产品（零件）为对象来设置生产单位，通过固定制造某种部件或某种产品的封闭车间，其设备、人员按加工或装备的工艺过程顺序布置，形成一定的生产线。该种生产线过程是封闭的，所以也叫封闭式生产单位。封闭式生产单位有两种主要形式：

（1）以产品或部件为对象，将大部分加工、装备等工艺过程封闭在一个生产单位里；

（2）以同类零件为对象，将下料、加工、检验等工艺过程封闭在一个生产单位里。

按对象专业化形式组织生产物流的优点在于：

（1）可以缩短产品在加工过程中的运输距离，节省人力，减少仓库和生产面积的占用；

（2）可以减少产品在加工过程中的停放、等候时间，缩短生产周期，减少加工过程中的在制品库存，节省资金；

（3）有利于按期、按量、成套地生产出完工产品；

（4）便于采用先进的生产组织形式；

（5）减少生产单位之间的协助关系，从而可以简化生产作业计划工作、生产控制工作、物流计划工作；

（6）有利于强化质量责任和成本责任，由于每一个按对象原则组织的生产单位基本上是独立完成某种产品或零件的加工任务，因此应承担该产品或零部件的质量责任和成本责任。

按对象专业化形式组织生产物流的缺点在于：

（1）生产单位的工艺或功能相对封闭，产品设计变化将引起布置的重大调整；

（2）设备发生故障时能引起整个生产线中断。

3. 按成组工艺形式组织生产物流

成组工艺形式是结合上述两种形式的特点，按成组技术原理，把完整的一组相似零件分成一个成组的生产单元，并根据其加工路线组织设备。

按成组工艺形式组织生产物流的优点在于：

（1）大大简化零件的加工流程，减少物流迂回路径；

（2）在满足品种变化基础上有一定的批量生产，具有柔性和适应性。

按成组工艺形式组织生产物流的缺点在于：

（1）对于管理水平的要求较高，这样才能平衡各单元流程，否则就需中间储存，增加物料搬运；

（2）班组成员需掌握所有作业技能，减少了使用专用设备的机会。

总之，在供应链生产物流管理模式下，通常是从物料进入生产过程中的各生产单位、各道工序之前，按照生产过程的有续性、平行性、比例性、节奏性和适应性等要求，确定生产对象在各生产单位的投产时间、加工顺序等，以保障生产对象在各生产单位之间的运动互相配合和衔接。合理组织生产物料，不但能缩短物料移动的距离，而且能加快物流流程的速度，减少等待物料时间，实现物料有节奏、连续生产的一系列工作。当产品完成该合作企业所有的生产环节后，将按供应链合作的既定模式，通过物流配送转到下游企业。

第三节　基于供应链的生产物流协调机制

随着科技进步和生产力的发展，客户消费水平不断提高，行业、企业之间的竞争日益加剧，加上政治、经济、社会环境的巨大变化，使得市场的不确定性大大增加，并且用户的需求呈现多样化、变化频繁的趋势。原有的“纵向一体化”模式已不适合市场发展的需要，企业要想生存与发展，必须制定以尽可能快的速度、尽可能低的成本、尽可能多的产品品种为特征的战略，将主要精力用于其核心竞争力上，同时尽可能多地利用外部资源。在这种情况下，导致了供应链管理思想的诞生。供应链围绕核心企业，通过对信息流、物流、资金流的控制，从采购原材料开始，制成中间产品以及最终产品，最后由销售网络把产品送到消费者手中，将供应商、制造商、分销商、零售商直到用户，连成了一个整体的功能网链。供应链上的各个企业相互对整个采购运作过程进行组织、控制、协调。

企业加入供应链的目的是获取至少不小于其未加入供应链时的利润，否则就会增加其脱离供应链的离心力。因此，为避免供应链断裂，并使供应链维持足够的柔性，供应链中的核心企业就应制定出相应的利益分配制度，使链上各企业所得收益与其对供应链整体收益贡献成正比。供应链生产物流在供应链环境下表现出了良好的协调机制。

供应链合作机制体现了战略伙伴关系和企业内外资源的集成与优化利用。基于这种企业环境的产品制造过程，从产品的研究开发到投放市场，周期大大缩短，而且顾客导向化程度更高，产品和标准化组件更加模块化、简单化，使企业在多变的市场中显著增强柔性和敏捷性。虚拟制造与动态联盟提高了业务外包策略的利用程度，企业集成的范围扩展了，从原来的中低层次的内部业务流程重组上升到企业间的协作，这是一种更高级别的企业集成模式。在这种企业关系中，市场竞争策略最明显的变化就是基于时间的竞争和价值链及价值让渡系统管理，或基于价值的供应链管理。

由于供应链合作企业决策信息的来源不再仅限于一个企业内部，而是在开放的信息网络环境下，不断进行信息交换和共享，达到供应链合作企业同步化、集成化计划与控制的目的，而且随着 Internet/Intranet 发展成为新的企业决策支持系统，企业的决策模式将会产生很大的变化，因此处于供应链中的任何企业的决策模式都应该是基于 Internet/Intranet 的开放性信息环境下的群体决策模式。

总之，供应链管理和任何其他的管理思想一样，都是要使企业在竞争中获得更多的竞争优势。另外，缺乏均衡一致的供应链管理业绩评价指标和评价方法，是目前供应链管理研究的弱点和导致供应链管理实践效率不高的一个主要问题。为了掌握供应链的技术，必须建立、健全业绩评价和激励机制，以推动企业管理工作不断完善和提高，也使得供应链能够沿着正确的轨道与方向发展，真正成为能被企业管理者乐于接受和实践的新的管理模式。

自律机制要求供应链企业向行业的领头企业或最具竞争力的竞争对手看齐，不断地对产品、服务和供应链业绩进行评价，并不断地改进，以使企业能保持自己的竞争力和持续发展。自律机制主要包括企业内部的自律、对比竞争对手的自律、对比同行企业的自律和对比领头企业的自律。企业通过推行自律机制，可以降低成本，增加利润和销售量，更好地了解竞争对手，提高客户满意度，增加信誉，缩小企业内部部门之间的业绩差距，提高供应链合作企业的竞争力。

供应链的构成是动态的，其合作企业是可以不断更替的。供应链成员的变动机制，即成员的加入与退出机制，其实质就是对参与供应链的企业表现进行不间断的追踪考核，按考核结果，对不适应供应链整体运行的合作企业进行淘汰并重新吸收新的合作企业的一系列规则、指标和程序。

第五章

基于供应链的营销及流程再造

第一节　供应链营销概述

全球经济一体化的大趋势给企业带来了难得的机遇和严峻的挑战，企业面临着不断急剧变化的市场需求及缩短交货期、提高质量、降低成本和改进服务的压力。企业只有建立高效的供应链，才能形成持久的竞争优势，在激烈的市场竞争中永立潮头。英国著名供应链管理专家马丁·克里斯托弗曾经指出："世界的竞争不再是企业与企业之间的竞争，而是供应链与供应链之间的竞争。"引入供应链管理理念及方法，在企业界已形成共识。在供应链管理时代，企业营销不再是简单的多种营销模式的加总，而是需建立在客户关系管理基础上，通过快速响应顾客需求以提高顾客价值的活动。供应链管理的实施对供应链成员的营销活动提出了更高要求。物流能力直接影响着企业的销售业绩，它不仅能够全面提升企业营销力，而且可以最大限度地降低营销成本，持续地吸引和满足顾客。只有把营销和物流结合起来考虑，才能实现营销和物流相辅相成的促进作用，为实现企业目标、提升企业竞争优势提供强劲的支持。

一、供应链营销的内涵

营销的目的是发现或发掘消费者的需求，让消费者了解产品进而购买的过程。营销管理是为了最大限度地满足消费者需求，并达到企业营销的目标，通过产品需求调研、预测、计划、订单管理、运输、库存管理、物流信息系统管理、客户关系管理等环节的运作一体化，组织、实施与控制所有营销物品的高效率移动和储存，不断降低营销成本，提升与优化营销服务。

供应链营销是一个全新的概念，也是市场需求链和企业供应链的交集中最具活力的环节。美国经济学家鲍尔·康柏斯提出：物流是“市场营销的另一半”。供应链营销的使命是围绕市场需求，是在供应链战略下计划最可能的供应，在最有效和最经济的成本前提下，为顾客提供满意的产品和服务。供应链营销要面对诸如营销供应、采购、成本控制、生产外包、供应商联盟、第三方物流、渠道库存、客户服务等环节，进行全方位组织、控制、跟踪以及评估管理计划和控制范畴。因此供应链营销活动牵涉到许多部门的运作，其主线是及时、有效地围绕客户需求进行整合服务，满足客户对产品的现实及潜在需求。供应链营销在产品流转过程中传递物的信息、提供输送服务并将顾客信息反馈给生产销售环节，从而使生产销售与市场的联系更加紧密、营销计划的制订更为准确有效，最终使供应链合作企业成本下降，利润上升。

1. 内涵

供应链营销是商品从原材料加工直到最终到达消费者手里的整个过程中的一个重要环节，是由参与该商品价值形成活动的上下游企业所进行的营销管理及其物流活动相互连接所形成的网络。供应链营销是价值链系统的新的表现形式，它整合了企业内外部后勤，协调控制生产与输出，执行和优化营销活动的产品服务，最终使企业以客户需求为“第一动力”，持续而健康地推动企业良性发展。

2. 特点

在全球一体化的大趋势下，供应链营销也具有了新的时代特征，主要表现在以下几个方面：系统性与协调性；系统稳定性与弹性的平衡；建立在现代电子信息技术基础上；不可控性和变异性较高。

（1）系统性与协调性。整个供应链就是一个系统，系统的效率和效益取决于供应链上下游企业协同的效果。要想对市场需求做出快速反应，就必须要求供应链上的节点企业同步采取行动，加强彼此间的协调与合作。具体来说，就是要求供应链上的上下游企业根据最终需求市场的信息，制订采购、生产和分销配送计划，使供应链上的存货在一个顺畅的渠道中有秩序地流动。仅仅靠单个企业内部营销物流系统的整合，是无法做到快速、高效地响应市场需求的。

（2）系统稳定性与弹性的平衡。客户的要求千差万别，面对不同的顾客，供应链营销系统必须具有足够的弹性和张力，以尽快响应不同的需求和应对客户需求的不断变化。面对难以预计的变数，要能与供应链上下游企业尽快取得步调的一致，同时还要维持相对稳定的运营系统，以较低成本保证较高的产品质量和优质的服务。

（3）建立在现代电子信息技术基础上。信息技术实现了数据的快速、准确传递，提高了采购、生产计划和控制、仓库管理、装卸运输、订货、配送发运、订单处理的自动化水平，使订货、生产、运输、仓储、流通加工等实现了一体化。营销物流强调企业内部各部门之间以及与其他企业间业务的协调与合作，这需要运用信息技术，通过企业间的信息共享和实时沟通来实现。

（4）不可控性和变异性较高。由于供应链营销经常直接面对终端顾客，而客户具有分布不均匀性、时间随意性等特点，所以存在着多种不确定性客观差异，可控性较差，再加上顾客的需求日益呈现多样化、个性化趋势，导致变异性较高，从而给营销物流标准化、可靠性监控和评估、持续追踪等方面造成一定难度。此外，顾客重视的服务要求的不一致，也造成了营销物流服务标准和绩效考核尺度难以确定。

二、供应链营销系统的构成

供应链营销系统是一个集信息、计划、产品储运、客户服务系统于一体的整合体系。它是由相互作用、相互联系、相互依赖的若干子系统结合起来的具有特定功能的有机整体。其主要由需求管理系统、配送系统、客户关系管理系统和信息系统组成。

供应链环境下的需求管理系统是企业基于 Internet，通过扩展的供应链技术来了解、预测和管理客户需求的多特征、多维度的解决方案。需求管理系统综合考虑客户生产信息、需求信息、历史订货情况、市场综合信息及公司战略目标，利用网络技术、数据库技术、数据挖掘技术、统计预测技术和管理方法等，按不同要求对需求信息和历史订货数据进行加工处理，并根据职能和权限共享各种信息，对市场和生产条件的变化快速做出反应。需求管理系统一般包括市场信息收集和预处理、需求预测、计划制订、综合评价和战略用户协同等模块。通过需求管理系统可以提高销售收入和收益率、扩大市场占有率、提高客户服务水平、提高企业资源利用率、降低库存水平和缩短计划周期时间，同时也可以降低客户的库存量和资金的占用率。一个好的供应链系统的需求管理系统，可以大大地提高需求计划精度和企业收入。

配送是供应链营销系统中增值空间最大的一个环节，也是营销的重要手段。准确而稳定的营销活动可以在保证供应的同时，降低营销总成本；集中而高效的配送活动可以在简化营销程序、缩短营销渠道的同时，提高营销物流系统本身的效率及服务水平，赢得更多的消费者；合理而顺畅的配送活动，可以降低营销系统的单位成本。配送系统是连接企业商流、物流、信息流的交汇点、承担着各企业所需商品的进货、库存、分拣、加工、运输、送货和信息处理等任务。配送系统通过集中零散库存，减少了流通环节，起到了降低流通费用、增强库存调节功能、加快存货流转、减少流动资金占用、降低物流成本和采购成本、增加商品附加价值、提高配送业务的及时性和准确性、提高顾客满意度以及提高综合竞争力的作用。配送系统是一个复杂多变的系统，而且几乎涉及了货物筹集、存储、分拣、配送加工、配装、配送运输等物流的全部要素，可以说是一个小型的物流系统。供应链环境下的营销系统更加关注市场需求的多样化，对增加服务内容、提高客户服务水平具有重要的推动作用，这就要求配送系统更加准确、快速，从而提高企业运作效率。总体来说，为提高企业的持久竞争优势，企业必须建立一个对环境反应敏捷、迅速、高效的供应链配送系统。

从供应链视角来看，客户关系管理系统是基于供应链一体化，通过供应链合作企业关系和客户关系，实现信息共享、资源互补、多方互动和客户价值最大化，并以此提升企业竞争力的管理系统。

信息化作为企业实现差异化营销的有力武器，其重要性不仅体现在可以解决企业营销中存在的问题，而且可以使企业根据营销目标的要求，重新设计并实施新的供应链营销方案，全面构建企业的核心竞争力。在供应链环境下，营销信息系统的主要作用如下。

1. 优化业务流程，支持科学决策

供应链营销信息系统管理的范围广泛，包括采购和销售计划、合作企业的选择、顾客分析等。可以利用营销信息系统计算机的强大功能，汇总和分析大量物流数据，挖掘潜在的信息价值，寻找发现存在的问题和新的机会，优化企业业务流程，充分利用资源，做出更加合理的决策。

2. 提高响应速度

供应链营销信息系统可以将各种信息聚集在物流中心，经过加工、处理，再传播出去。网络化的营销信息系统有利于企业间实现数据共享，使物流信息准确、全面和流畅。信息管理的敏捷化、实时化，提高了企业对顾客需求的响应速度，同时通过优化和整合流程，也可以缩短产品流转周期。

3. 改善营销功能，提高营销效率

供应链营销信息系统通过在供应链伙伴间建立信息化的沟通手段，使各物流环节之间协调运作，实现营销信息的实时互动，对资源进行高度化整合，极大地改善了营销功能，提高了产品的运营效率。供应链环境下的营销信息系统的构建必须满足以下要求：分布性、异构性、可重构、可重用和可扩展，以及系统之间的合作性。营销信息系统的规模必须能够随着供应链规模的变化而变化，规模的可扩展性保证了信息系统能够通过系统重构和软件重用来实现系统的规模可变。供应链是一个动态的合作—竞争系统，通过不断增加具有核心竞

争优势的企业、淘汰失去竞争力的企业来提高整个供应链的竞争力。随着供应链的竞争优势不断提高，其规模也不断扩大，所以营销信息系统必须具有良好的可拓展能力，只有动态的、不断更新的供应链才能维持持久的竞争优势。

在供应链管理时代，要做到及时、准确了解顾客需求，迅速给以响应，客户关系管理系统起着重要作用；提高预测的准确性及计划的可执行性，使生产顺利进行，是需求管理系统的责任；营销系统与客户关系管理系统通过信息系统实施有效连接，及时掌握需求信息和客户资料，在此基础上准确预测并对计划及时进行修订；在降低成本、提高配送速度、提供增值服务以及延迟策略的实行方面，配送系统起到主要支持作用；实时策略和敏捷策略等的实施，需要依靠信息系统的支持。信息系统就像神经系统一样贯穿在企业的各个部门，使企业敏锐地把握消费者需求并及时地加以满足，低成本、平滑、高效地运行，不断构筑着供应链的核心竞争优势。

第二节　供应链与营销的关系

供应链对市场营销具有直接性、决定性的影响，没有高效的供应链，就不能实现时间和空间效用，即使市场营销手段不断创新，也难以赢得顾客满意。供应链的整体性、效率性、通畅性和及时性，直接决定产品的生产与创新；供应链各个环节的成本，直接影响产品的价格构成；供应链的效率，直接影响产品的最终价格；供应链的结构，直接影响产品分销渠道的有效性，以及消费者接受该产品的便利性；供应链的协同性与多功能性，直接影响促销战略的实施；供应链的信息系统能力，直接影响企业与下游客户的沟通。

一、供应链与营销的相互影响

基于北部湾经济区构建供应链，所形成的供应、生产、存储、管理、转移以及让产品在需要的时间内到达指定地点的一系列活动，其主要任务涉及对原料和最终产品由起始点至最终消费点或最终用户全过程的具体规划和实施，并且能够在获取一定利润的前提之下，使顾客需求得到满足。营销活动是其中非常重要的环节，营销能够直接到达用户、体现效用，但如果没有供应链的具体支持，也难以赢得顾客满意。基于供应链的营销活动，可以通过以下四种营销策略的综合运用来进行考察、分析。

1. 分销策略

分销渠道贯穿于整个供应链中，两者密切相关，没有合理的分销渠道，就不会有高效的供应链系统和先进的物流系统。在市场分销的过程中，对产品的实物配送在促进产品销售和提高市场份额上发挥着重要的作用。提高产品配送速度，准时送货，可以方便客户随时购买到所需产品，这有助于企业与顾客之间建立起长期的合作关系，推动企业产品的销售。

2. 定价策略

产品的市场竞争不仅仅是质量的竞争，更是企业及供应链定价策略的竞争。竞争情形下的供应链定价策略，包括单独的价格竞争、价格和库存同时存在竞争时的定价策略等。供应链企业的市场营销部门，应该估计出为顾客提供的不同服务水平所需的费用间的增减和变化，并以此为依据来制订最佳的定价策略。

3. 产品策略

在设计产品的外观及包装产品时，都应该考虑到物流费用和物流过程中的各种可能性。要使产品的包装规格和标准等既可以保护产品，提高促销功能，又能够方便运输，降低物流的成本。

4. 促销策略

供应链合作企业一般会采用多种联合促销策略来吸引客户、促进销售，价格补贴与促销费用分担就是其中两种较为典型的联合促销策略。而要想顺利地实施促销策略，使一种新的产品成功地走向市场，除了需要具有成本合理且又充足的原材料之外，一个有生命力且符合实际的产品开发策略，以及物流与营销的有效协作，都是必不可少的。

供应链是对营销的起始点进行设计，产品的多样化以及反应时间等方面的顾客需求，对供应链中的营销活动具有决定性的作用。

1. 营销策略对供应链的影响

根据供应链的目标市场确定出与之对应的营销策略，与之相应的产品运输、装卸、保管、包装等也会因为营销策略的不同而有所不同。针对营销策略的具体情况，必须要立足于全局的高度综合思考，统筹安排，进行合理的供应链管理。

（1）从产品策略的角度看，供应链的采购、顾客控制和库存控制等与之关系较为密切，如合作企业购买的原材料和零配件等会因为产品的衰退期到来而产生库存的积压，这时，在供应链管理上，就应该对产品策略和生产计划、库存控制等进行有效协调，从而不断调整物流活动，使之与产品的系列变化相适应。

（2）从价格策略的角度看，它会影响到整个供应链活动的深度、广度及其顺畅性。价格策略中给顾客的折扣会影响到产品的订货规模，一次适宜的折扣优惠能吸引顾客加大订货数量，这时仓库的作业也就趋向于处理大宗货物，运输和搬运作业就变得更加高效。要制订出一个可以满足营销与物流综合需求的定价策略，必须从供应链整体目标和营销两个方面进行综合考虑。

（3）从分销策略的角度看，供应链的销售渠道是否畅通、合理，对产品能否成功至关重要，因此一定要保证从生产到顾客这一物流活动的快捷畅通。流通渠道的各个环节的整合与管理，都会影响到供应链的格局和经济性。供应链中的需求量预测、订单处理、包装运输等都与分销策略有着密切的关系，只有将这些环节与营销一体化，并严格在各个层次中执行，不断提高服务质量，才会使分销策略有效地实施。

（4）从促销策略的角度看，供应链对公共宣传、广告等促销活动进行的大量投入是对提高销售量的一种支持，若物流系统不能够及时地把产品送到顾客的手中，那么销售量就得不到提升。这就需要基于供应链在营销部门与物流部门间建立起一个便于信息迅速传递的系统，不断地沟通协调促销活动的库存与规模、运输以及顾客服务等物流环节。整个供应链应该在恰当的时间和地点，就产品质量及产品的多样性等方面进行积极的营销活动。

2. 供应链在各个时期的营销对策

一个产品的生命周期主要包括引入期、成长期、成熟期和衰退期，不同时期的顾客需求也会产生不同的变化，供应链应该在产品生命周期的各个阶段为营销提供支持。

（1）在引入期，营销的主要目的是使潜在顾客认识产品属性，说服顾客购买产品，从而创造出产品的知名度，让新的产品在市场中得以立足。其策略是提供产品，使用成本加成法来确定价格，投入大量广告，提高产品的知名度，这一时期的重点是进行大量的广告宣传与促销。供应链在这一时期应该在对产品的市场前景进行充分预测的基础上，对系统的供给力进行思考，确定的营销策略应有灵活性和产品可得性。

（2）在成长期，营销的核心工作是要尽可能地实现销售量的收支平衡，以扩大市场的占有份额，从而实现供应链整体的盈利目标。这一时期的主要策略是不断扩大服务保证，依靠广告在大众市场中建立起知名度。这时供应链活动的重心应该是思考供应链各个环节中怎么样实现规模经济，如何平衡服务和成本绩效，从而实现对顾客的服务承诺。

（3）在成熟期，营销的目标是保护好已有的市场份额，在主要的客户中建立好忠诚度，获得最大的利润。这一时期的策略是要重视产品型号多样化和品牌的差异化。这时供应链的灵活性和复杂性会大大增加，其主要目的就在于满足来自不同渠道的服务需求，核心工作是保证提供给关键客户特殊的服务。

（4）在衰退期，营销的目标是压缩开支，榨取产品的品牌价值。这一时期的策略是降低产品的价格，撤出衰退的产品，降低广告投入。这一时期的供应链活动应是维持相对应的服务，减少物流活动成本，一方面，供应链活动应该定位在继续维持原有的递送业务上，另一方面，万一有产品被剔除，不至于承受过多风险。

总之，供应链和营销之间是相互影响、相互作用的。所以，在营销中要注意加强供应链管理，在制定营销决策、进行营销管理时，应该充分地考虑到营销在供应链中的作用。只有充分地认识到供应链与营销之间的关系，供应链的合作企业才能在竞争中不断地推出特色服务，立于不败之地。

二、供应链与营销的联系

供应链与营销之间的联系，具体表现在实现产品价值、为顾客提供服务、实现顾客满意度、维系顾客忠诚度等方面。

供应链与营销之间是相互联系的。营销是从企业生产到流通的全过程来研究产品的实现问题，产品向货币转化，一方面可实现物质资料的使用价值和价值，保证社会再生产继续进行，使社会需求得到满足，保证以货币形式补偿物质资料生产中的必要耗费；另一方面可实现物质资料实物形态的转移，保证以最短的时间、最少的消耗使该产品从生产地转移到消费地，这实际上也是供应链的整个活动过程。

营销的根本目的就是在产品的交换过程中，实现产品的全部转化，被消费者全部买走，尽量减少产品滞销、积压，促进产品的快速转化，促进产品价值的实现。供应链是产品从原材料到最终用户的全过程，其包含了生产、分配、交换与消费四大环节。营销是供应链的强有力支持，它通过加快产品在流通环节中的快速转移，减少资金的占压，降低流通费用，节省流通环节的时间，加快推进了供应链整体战略目标的实现。

第三节　基于供应链的差异化营销组合构建

要做好供应链营销工作，需要对供应链合作企业的产品、服务、品牌及企业形象等有充分的认识与了解，需要与竞争对手有所比较，同时能够构建出差异化营销组合方法。

差异化是指为使企业产品、服务、企业形象等与竞争对手有明显区别，以获得竞争优势而采取的方法。这种方法的重点是创造被全行业和顾客都视为独特的产品和服务。最早提出差异化战略构想的是哈佛大学教授迈克尔·波特。而在我国，差异化竞争战略理念尚未完全形成，研究这一问题具有现实意义。实现差异化战略，可以培养用户对品牌的忠诚，因此差异化竞争战略是使企业获得高于同行业平均水平利润的一种有效的竞争战略。

从战略的眼光看，不一定所有的企业都适合采取差异化竞争战略，但在中国市场上，许多行业都面临同质化的问题。因此，构建一个与众不同的差异化竞争战略，形成差异化优势，是值得考虑的发展模式。

实施差异化竞争战略的前提是确定差异化竞争战略的营销组合。在差异化竞争战略变量选择过程中，采用粗糙集约简的方法，通过其强大的数值分析能力，对差异化营销组合变量进行选择，可以有效地避免差异化营销组合的冗余或重复性，准确地确定差异化竞争战略的营销组合。

一、构建理论

粗糙集理论是波兰数学家帕武拉提出的一种处理不确定性信息的数学方法，粗糙集理论能够定量分析处理不严密、不确定或不完全的信息与知识。

随着研究工作的不断深入，粗糙集理论已广泛应用于知识发现、机器学习、决策支持、模式识别、专家系统、归纳推理等领域。粗糙集理论的一般定义如下。

定义 1：给定信息系统 $S=<U, R, V, f>$，其中，U 是对象的集合，也称为论域；R 是属性集合；$V=\bigcup_{r\in R} V_r$，V_r 表示属性 r 的值域；f: $U\times R\rightarrow V$ 是一个信息函数，它指定 U 中的每一个对象 x 的属性值，即对于任意 $r\in R$ 且 $x\in U$，都有 $f(x, r)\in V_r$。如果属性集合 R 可以分为条件属性集 C 和决策系统 D，即 $R=C\cup D$，则 $S=<U, R, V, f>$ 也被称为决策表。

定义 2：给定信息系统 $S=<U, R, V, f>$，对于每个属性子集 $B\subseteq R$，可以定义一个不分明关系 ind（B），即 $ind(B)=\{(x, y)\mid(x, y)\in U^2, \forall b\in B[b(x)=b(y)\}$。

定义 3：给定信息系统 $S=<U, R, V, f>$，对于每个属性子集 $X\subseteq R$ 和不分明关系 B、X 的上、下近似集，可由 B 的基本集分别定义为：

$$B\_(X)=Y\{Y_i\mid[Y_i\in U/ind(B)\wedge Y_i\subseteq X]\}$$

$$B^{-}(X)=Y\{Y_i\mid[Y_i\in U/ind(B)\wedge Y_i\cap X\neq\varnothing]\}$$

二、差异化竞争战略营销组合中差异点的建立

在差异化竞争战略营销组合的构建过程中，首先要建立差异化竞

争战略营销的差异点并对其进行选择。从企业的具体情况出发，在结合企业目前的营销战略以及征求营销人员意见的基础上，初步得出有影响因素的差异化竞争战略营销差异点。由于影响指标比较多，考虑到可能个别指标具有重复性或冗余，因此先运用粗糙集约简的方法，在初步得出的差异化竞争战略营销差异点中剔出冗余影响指标，确定出重要评价指标，建立指标体系，如图 5-1 所示。

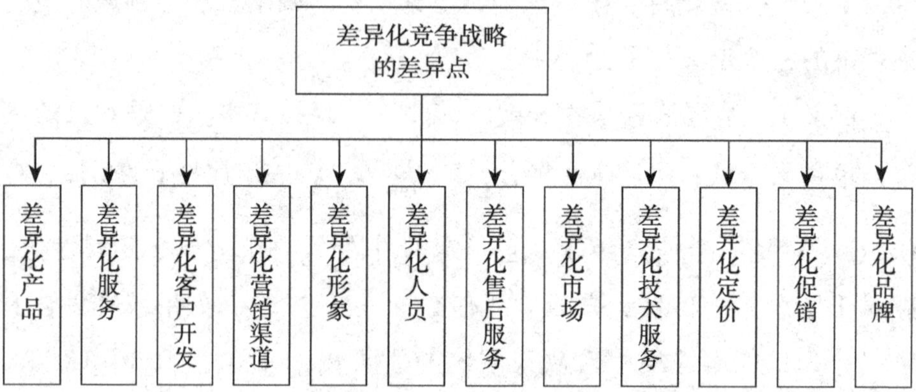

图 5-1　影响差异化竞争战略的差异点

三、通过粗糙集约简差异化竞争战略营销组合变量

1. 论域与决策信息系统的定义

定义 1：设 U 为一个论域，P 和 Q 为定义在 U 上的两个等价簇，Q 的 P 正域 pos_p（Q）和 Q 的 P 负域 neg_p（Q），定义如下：

$$pos_p(Q)=\bigcup_{X\in U/Q} pos_p(X)$$

$$neg_p(Q)=U-pos_p(Q)=\bigcup_{X\in U/Q} neg_p(X)$$

定义 2：设 U 为一个论域，P 和 Q 为定义在 U 上的两个等价簇，若 $A \subseteq P$，有 $pos_A(Q)=pos_p(Q)$，且 $\forall a \in A\left[pos_{A-(a)}(Q) \neq pos_p(Q)\right]$，则称 A 为 P 的 Q 约简。

定义 3：给定决策信息系统 S=<U，C∪D，V，f>，对于条件属性子集 $P \subseteq C$ 和分类 $X \in U/ind(P)$，如果 $X \in pos_p(Q)$，则 X 称为 P 上的一个相容条件分类，如果 $X \in neg_p(Q)$，则 X 称为 P 上的一个冲突条件分类。

定义 4：给定决策信息系统 S=<U，C∪D，V，f>，对于任意的 $X \in U$，决策规则 $d_x = des\left[(x)_C\right] \to des\left[(x)_D\right]$（con，suf），其中 $d_x(a) = a(x)$，$a \in CYD$，且 $d_x|C$、$d_x|D$ 分别称为 d_x 的条件和决策。d_x 的信任度 $con=|[x]_C I[x]_D|/|[x]_C|$，$d_x$ 的支持度 $suf=|[x]_C|/|U|$。

2. 差异点决策表

对影响因素的描述一般为逻辑语言，而不是数值。其评价的描述语言可能是很好、较好、一般、较差。如果将这些影响因素定义为逻辑变量，那么逻辑变量的取值为逻辑值。对因素的考虑就转化为对逻辑变量的处理，即根据实际情况确定逻辑变量的取值。逻辑值的取得可通过专家评价法，用 4、3、2、1 分别表示上述评价中的等级。

将差异化竞争战略的差异点的 12 个因素，包括差异化产品、差异化服务、差异化客户开发、差异化营销渠道、差异化形象、差异化人员、差异化售后服务、差异化市场、差异化技术服务、差异化定价、差异化促销、差异化品牌，由经验丰富的管理人员及营销人员对差异决策点进行打分，然后构建出决策分析表，在最大程度上保证数据的准确性、完整性和简洁性，再以给出的数值构造出系统决策表。

3. 差异点决策表的约简

根据所得出的决策表进行属性约简，分为两步：一是先寻找核属性，二是寻找最小约简。采用数据分析法，逐一去掉条件属性，看其是否对正确分类产生影响，如果影响则为核属性，否则为非核属性。

4. 约简结果

通过上述步骤，得出最小相对约简，通过最后得出的核属性，确定差异化竞争战略营销组合的四个差异点分别为：差异化产品、差异化客户开发、差异化营销渠道及差异化定价。

基于粗糙集理论，针对传统的确定差异化营销组合方法，运用粗糙集约简差异化竞争战略营销组合的差异点，在不影响评价结果的基础上，能够使差异化竞争战略营销组合的差异点更为合理及优化。

粗糙集理论具有强大的数理分析及处理能力，通过该理论得出的差异化竞争战略营销组合的差异点还有待进一步在现实中检验。另外，不同的企业所确定的差异化竞争战略营销组合可能也有很大的不同，这是因为不同的企业的经营范围和目标及所处的地理环境、企业实力等方面存在差异，这就要求企业应该根据其现实情况进行具体的分析确定。差异化是使企业获得高于同行业平均水平利润的一种有效的竞争方法。采用粗糙集约简的方法，通过定量和定性相结合建立差异化营销变量选择指标，对差异化营销变量进行约简分析，能够有效地避免差异化竞争战略营销组合中出现冗余或重复。

第四节　基于供应链的营销流程再造

供应链环境下的营销管理以供应链管理理论为指导，是现代营销管理学科的一个重要发展，是基于供应链发展的营销模式的应用。

一、供应链设计的影响因素

构建和设计一个供应链，除了要考虑供应链的运行环境因素，还应考虑未来环境的变化对实施供应链的影响。因此，我们要用发展的、变化的眼光来设计供应链，无论是信息系统的构建还是营销物流供应系统的设计，都应具有较高的柔性，以提高供应链对环境的适应能力。从企业的角度来看，供应链的设计涉及一个企业的改造问题，在设计与重建供应链营销流程时，运用何种新的观念、新的思维和新的手段，都是需要首先明确的。供应链设计既是管理新思维的应用，也是先进营销模式的客观需要和推动的结果。如果没有复合营销、网络营销或新媒体营销这些先进的营销模式的出现，集成化供应链的管理思想是很难实现的。供应链管理适应了这种趋势，因此在供应链的设计上应把握这种内在的联系，使供应链管理成为适应先进营销模式发展的先进管理思想。

二、供应链营销流程再造

优化供应链的一个关键是再造供应链的营销流程，以满足客户要求。再造的目的是迅捷地做出重大改变，即彻底对业务流程进行再思考、再设计，并以成本、质量和速度等关键绩效指标进行衡量，实现供应链的重大改进。供应链营销流程再造，其步骤如表 5-1 所示。

表 5-1 供应链营销流程再造步骤

步骤一	步骤二	步骤三	步骤四	步骤五	步骤六	步骤七	步骤八	步骤九
了解供应链营销市场竞争环境	了解供应链营销渠道成员现状	提出供应链设计项目	提出供应链营销设计目标	提出组成供应链营销的基本框架	分析和评价供应链设计的技术可能性	设计供应链营销流程	检验供应链营销流程	实施供应链营销流程

供应链营销流程再造，必须要得到供应链全体合作企业成员的协调支持，纳入供应链渠道成员的整体管理计划，并在整个供应链营销系统中实施。

第六章

构建北部湾经济区供应链物流配送系统

第一节　供应链物流配送系统概述

一、供应链物流配送系统的概念

物流配送是物流活动中一种非单一的业务形式，它与商流、物流、资金流紧密结合，并且主要包括了商流活动、物流活动和资金流活动，可以说它是包括了物流活动中大多数必要因素的一种业务形式。物流配送中心则可以是物流企业服务网络的一个结点，也可以是一个聚集多个物流企业的物流园区，还可以是车站、港口、机场等交通据点。物流配送系统即是以物流配送中心为基础，主要承载配送任务的计划与调整、配送信息传递、配送成本控制、时间控制、库存控制等任务。北部湾经济区的供应链物流配送系统面对的是供应链合作企业物流需求，是以北部湾经济区为依托建立起来的，并在一个较大范围的经济区域内开展物流业务，能够对供应链内的商品、物资总量进行宏观控制和调配，以实现各种物质的流通。

供应链物流配送系统的服务对象是供应链合作企业所服务的对象。该系统通过物流活动诸环节如物流组织管理、协调调度、经营运作、信息服务等，为服务对象提供高效率、低成本的物流活动，与周边经济区域间进行大规模的合作与竞争，对区域间或区域内的经济活动及相关产业发展产生重要影响。

因此，供应链物流配送系统不是由简单的一个或几个运输场站构成，而是一个能使供应链所在区域中心城市形成具有综合物流能力，涵盖企业物流、物流设施及物流经营企业组织体系的大系统，它能够充分发挥中心城市在区域中所具有的现代物流的产业集中和效率方面的优势，并使现代物流成为中心城市的核心竞争能力。

二、供应链物流配送系统的功能

1. 运输配送功能

供应链物流配送系统能够根据供应链合作企业的需求，对物品进行拣选、加工、包装、分割、组配等作业，并在规定的时间内以较低的成本将合作企业产品运抵目的地。它能够使供应链合作企业之间、企业与客户之间，通过多种形式实现有效的衔接，最终完成物流配送需求。供应链物流配送作为一种现代流通方式，集经营、服务、社会集中库存、分拣、装卸、搬运于一身，已不是传统上作为物流末端的送货运输所能包容的。

2. 储存功能

供应链物流配送系统的主要设施之一就是仓储及其附属的分拣、传送、包装等设备。通过配备专业化的装载、卸载、提升、运送、码垛等装卸搬运机械，可以提高装卸搬运作业效率，减少作业对商品造成的损毁；通过对产品包装进行组合、拼配、加固，贴标签，制作并粘贴条形码等，可以形成适于物流和配送的组合包装单元；根据供应链合作企业的需要，通过正确、合理的仓储环节，可以保证供应链市场分销活动的开展，同时为合作企业降低库存占压的资金，减少储存成本。

3. 物流系统设计和信息处理功能

供应链物流配送系统要有能力为供应链合作企业及客户设计物流系统，合理构建物流系统，从而减少重复建设、降低成本。

信息系统建设是供应链物流配送系统中的一项最重要的建设内容，信息处理能力是供应链服务合作企业和客户的重要能力。将供应链物流配送环节的各种作业中产生的信息进行实时采集、分析、传递，并向合作企业及客户提供各种作业明细及咨询信息，这对供应链物流配送系统是相当重要的。通过建立信息收集系统和信息处理系统，使供应链物流配送系统在信息系统高度集成的基础上，实现物流、商流、信息流的高度集成，保证了其运行过程的可靠性和及时性。

4. 需求预测功能

供应链物流配送系统可以根据供应链合作企业的物品流转及送达信息，预测未来一段时间内的物品进出库量，进而预测供应链内物流流转量及市场对商品的需求量。

5. 订单处理和结算功能

供应链物流配送系统的订单处理和结算功能是物流功能的一种延伸，其涉及了物流订单处理和费用的结算。供应链物流配送系统既是合作企业之间业务运作的纽带，也是供应链与客户之间联系供需的桥梁。供应链物流配送系统的订单处理和结算功能，使其能够通过供应链一体化来紧密联系供给、需求、包装、储存、运输等环节，使生产订单、包装订单、加工订单以及运输订单等得到及时处理，从而提高合作企业及用户的满意度。

第二节　供应链物流配送系统构建

一、北部湾经济区供应链物流配送系统构建的指导思想

（1）基于北部湾经济区构建供应链物流配送系统，以区域经济、产业结构调整为动力，为北部湾经济区的企业和用户服务。以北部湾综合运输网和交通通信枢纽作为依托，充分发挥北部湾经济区的经济地位，利用现代化技术，同时借鉴供应链理论和区域物流配送系统构建经验，建设以供应链合作企业和产品最终用户为服务对象的物流中心。将该物流配送系统打造成为高效率综合物流运作组织中心，形成包括交通运输、加工代理、仓储配送、信息网络等多环节组成的现代物流大循环系统。

（2）以供应链合作企业为基础，资产与资本运营为手段，整合经济区供应链物流资源。提高供应链合作企业的市场竞争力，支持并鼓励本地有实力的企业“走出去”，发挥供应链的优势，以比较优势重组供应链，主动参与区域及国际合作与竞争，扩大区域、国内甚至国际经济技术合作的领域、途径和方式。完善内外联动、互利共赢、安全高效的开放型经济体系。

（3）与经济区政府管理部门合作，规范市场准入标准，完善政策法律法规保障环境，加强市场监管，强化市场建设，培育和发展一批

具有市场竞争能力、经营规模合理、技术装备水平较高的物流企业。切实保障各供应链合作企业的合法权益，形成有序竞争格局。以树立服务理念为突破口，鼓励多元化投资主体进入市场。支持和鼓励企业积极参与，形成北部湾经济区的良性竞争发展格局。

二、北部湾经济区供应链物流配送系统构建的原则

1. 为供应链服务原则

基于北部湾经济区构建供应链物流配送系统，符合经济区城市产业布局和产业空间结构调整的需要，能够为供应链合作企业战略目标的实现和经济区的经济发展提供有力的支持服务。

北部湾经济区发展现代物流已具备一定的基础和优势，公路、铁路、航空等设施和运载能力对北部湾的物流发展也提供了强力支撑。因此在供应链物流配送系统构建的过程中，应充分地挖掘这些基础优势，充分发挥利用和重新整合现有资源。通过构建供应链物流配送系统，可以降低物流节点间的运输成本，使得合作企业间的物流线路衔接更为通畅，实现物流运作网络化、物流规模经济化、物流服务专业化。

2. 协调发展原则

在北部湾经济区供应链物流配送系统的建设进程中，应合理经济地规划物流空间的布局，为物流合作企业获得必要利益创造条件；应积极调动各方面的积极因素，善于借重供应链合作企业资金力量，提高利用资金的质量和水平，大力发展和引进物流管理专业人才、技术人才，积极构建供应链物流配送系统，增强竞争能力，形成有序竞争

格局，以提高供应链合作企业经济效益和企业竞争能力。

3. 重点推进原则

供应链物流配送系统按重点推进原则进行构建，应选好构建物流配送系统的突破口。物流节点的空间布局规划应符合适当超前的原则，就是要在空间上预留好足够的未来发展空间，根据北部湾经济区供应链物流配送系统的发展要求，充分考虑好物流配送的发展趋势，以便满足未来需要。供应链运作与物流配送系统应有合理的协作与分工，提升物流配送服务的质量与效率，以高质量的物流配送服务提升北部湾经济区的企业发展水平。

第三节　供应链物流配送系统优化

一、供应链物流配送系统总体构想

北部湾经济区供应链物流配送系统的总体构想为：依托北部湾城市群在北部湾经济区及其周边城市的物流基础设施与物流企业，以广东、广西及海南现代化综合运输网络为主干，构筑物流配送服务通道。

基于北部湾经济区城市交通基础设施，以时间指标和经济物流配送的影响范围为指数，确定物流配送服务范围与服务基本形式，形成立足北部湾经济区的物流配送服务时效圈。

北部湾经济区重要产业园和城市消费功能区形成 3 小时区域物流配送圈，涵盖北部湾的周围城市区域，实现提高物流配送效率、降低物流配送系统成本的目标。

二、物流配送路径优化方法

为了缩短物流配送路程和节省成本，实现供应链物流配送路线最优化，必须利用科学的方法进行物流配送路径规划。

1. 路径优化理论

路径规划是移动机器人研究的重要方向，以代价最小或者距离最短等规则进行路线目标寻找，在空间中找寻最合适以及最合理的路径。

为缩短机器人路径规划的搜索时间，提高全局路径规划，许多路径规划方法被相继提出，其中包括快速随机搜索树算法（Rapidly-exploring Random Trees，RRT）、遗传算法（Genetic Algorithm，GA）、蚁群算法（Ant Colony Optimization，ACO）、人工鱼群算法（Artificial Fish Swarm Algorithm，AFSA），等等。其中，人工鱼群算法因在路径规划上取得了较好的成果而广受关注。

在传统鱼群算法中，是使用基于对数函数的视觉范围和步长来替换固定的视觉范围，来优化路径规划路线。人工鱼群算法结合了人工势场算法与鱼群算法，提高了最优路径的搜索效率，并采取动态分级的蚁群算法，利用灰狼算法的阶级分层思路，来提高传统蚁群算法的计算效率，但是在复杂地图下无法很好地完成规划任务。

基于以上分析，我们认为对人工鱼群的初始分布、固定的视觉范围和步长等进行优化是有效的改进手段，而人工鱼群算法在仿生算法中具有较好的收敛效率以及寻优效果，为此，我们研究了改进的视觉范围函数以及对鱼群最优搜索进行可行解记录，并在可行解中寻找最短路径。

（1）栅格法中的人工鱼群算法。

栅格法就是利用一定大小的栅格进行工作环境等价构建，根据栅格数值来等效于位置中的障碍物。这样可以有效地将机器人工作环境等效于一个平面上，类似点阵效果，再根据栅格数值决定可行域和障碍区。

根据传统人工鱼群算法的原理，在 1×1 的正方形栅格中进行路径规划，则机器人不能翻越障碍区，不可碰撞障碍物，人工鱼群算法中的移动步长为随机长度，但是在栅格构建环境中，步长在 [1，$\sqrt{2}$] 之间。假设当前位置为（x_i，y_i），目标点位置为（x_g，y_g），则评价函数$h=\sqrt{(x_i-x_g)^2+(y_i-y_g)^2}$，以评价函数最小为求取方法。

栅格编号定义 0 为可行域，1 为障碍区，则机器人可以在赋值为 0 的栅格上面进行路径规划，如图 6-1 所示。

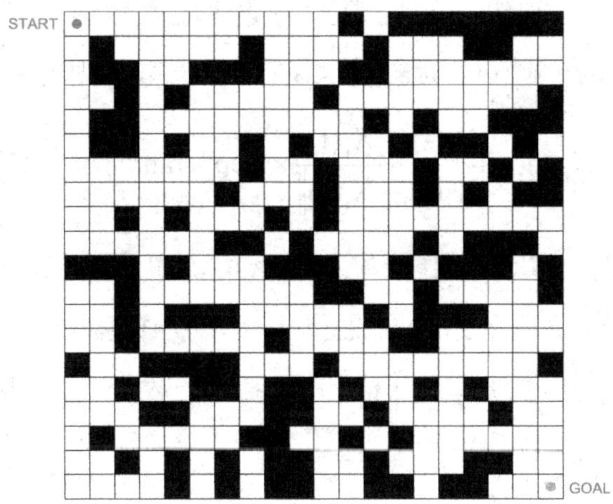

图 6-1　机器人环境区域

其中白色为可行域，黑色为障碍区，路径寻找从左上角的起始位置到右下角的终点。而每次步行的长度在 1×1 的正方形内，最长距离为正方形的斜对角。

（2）人工鱼群算法。

人工鱼群算法模拟鱼类在自然界中的觅食行为，其中主要包括觅食、聚群、追尾和随机行为。用 $X_i=[x_1, x_2, \cdots, x_n]$ 表示第 i 条鱼的状态，其中 i=1，2，3，…，n；$Y_i=f(X_i)$ 表示当前食物浓度，即

解的目标函数；两条鱼之间的欧式距离为 $d_{ij}=\|X_i-X_j\|$，δ 为拥挤度因子，try_number 为人工鱼移动试探最大次数，visual 为视觉范围，rand（ ）为（0，1）的随机数。

①觅食行为。觅食行为表示人工鱼往食物浓度高的地方聚集的行为。以 X_i 位置的鱼在视觉范围内进行下一个新状态更新 X_j，其行为公式为：

$$X_j = X_i + \text{visual} \times \text{rand}() \tag{1}$$

其中，Y_i、Y_j 对应 X_i、X_j 位置的适应度函数值，若 $Y_i<Y_j$，则 X_i 移动一个步长 step 单位，就会使 X_i 获得视觉范围内的一个新位置。

$$X_i(t+1) = X_i(t) + \frac{X_j(t) - X_i(t)}{\|X_j(t) - X_i(t)\|} \times \text{step} \times \text{rand}(), \qquad Y_i < Y_j \tag{2}$$

②聚群行为。假如鱼群聚集行为密集，表示最优解的出现概率最大，但是同时也要避免过度聚集行为。定义中心位置为 X_c，人工鱼 X_i 目标函数 Y_i，其视觉范围 visual 内鱼群个数为 n_f，视野中心位置可以表示为$X_c = \sum_{j=1}^{n_f} x_j / n_f$，如果 $Y_c>Y_i$ 且 $n_f/N<\delta$，表示视觉范围中心位置 Xc 聚有较多优秀值，同时不会过度拥挤，人工鱼可以向中心位置前进，否则返回觅食行为。前进行为的公式表示为：

$$X_i(t+1) = X_i(t) + \frac{X_c(t) - X_i(t)}{\|X_c(t) - X_i(t)\|} \times \text{step} \times \text{rand}(), \qquad Y_c > Y_j \tag{3}$$

③追尾行为。若人工鱼 X_i 在视觉范围内有最大的鱼 X_{max}，对应目标函数 Y_{max}，如果 $Y_{max}>Y_i$，同时最大鱼视觉范围内鱼群数目 n_f 满足 $n_f/N<\delta$，则表明 X_{max} 状态优，则人工鱼 X_i 向 X_{max} 移动。追尾行为的公式表示为：

$$X_i(t+1)=X_i(t)+\frac{X_{max}(t)-X_i(t)}{\|X_{max}(t)-X_i(t)\|}\times step\times rand(),\quad Y_{max}>Y_j \tag{4}$$

如果视觉范围内不满足以上情况，则返回继续觅食行为。

④随机行为。表示个体鱼在自由活动中，如果多次随机选择不能满足移动的条件，则进行的一种活动。它在一定程度上能够防止局部最优，随机动作也相对比较简单，就是在视野中随机选择一种状态，属于觅食行为的一种缺省行为。随机行为的公式表示为：

$$X_i(t+1)=X_i(t)+visual\times rand() \tag{5}$$

（3）人工鱼群算法的改进。

在传统人工鱼群算法中，由于全局最优解和次优解曲线互扰问题，能规划出合理路线的概率为 $p=\frac{1}{2^n}$，n=1，2，3，…，因此，合理的路径概率较低。为解决这个问题，当存在鱼群找到目标点时，就记录下找到目标点的鱼群轨迹，形成路径规划的可行解，在可行解中选取路径最短者为最优，以保证路径规划的合理性。

在人工鱼群算法中，如果对视觉范围设定较大，鱼群探测范围较广，则对追尾和聚群行为较为有利，对算法稳定性有重要影响；反之，如果范围较小，对小范围搜索更加细致，则对收敛速度有利，但是容易陷入局部最优。因此，提出利用指数函数的视觉函数对视野进行调节，给视觉范围赋予一个范围选择，使得鱼群在前期能够以大范围搜索，后期再以小范围进行细致查找，提高搜索精度和收敛速度，同时算法也易于实现。

$$\begin{cases}visual=visual_{min}\times(visual_{max}/visual_{min})^{\lambda}\\ \lambda=1/(1+m\times(t/M_t))\end{cases} \tag{6}$$

式中，$visual_{min}$ 为视觉范围的最小值，$visual_{max}$ 为视觉范围的最大值。t 为当前迭代次数，M_t 为最大迭代次数，m 为调整参数。

拥挤度因子 δ 表示单位体积内允许容纳的人工鱼数目，用来防止人工鱼拥有局部极值点。δ 的取值范围在（0，1）之间。前期设置的值较小，可以使鱼群搜索分散；后期设置的值较大，可以使鱼群向极点靠拢。为兼顾算法的搜索能力和收敛速度，改进拥挤度因子函数为：

$$\begin{cases}\delta(k+1)=del\times\delta \\ del=(1-\dfrac{t}{m_t})(\delta_{min}/\delta_{max})\end{cases} \tag{7}$$

式中，δ_{min}、δ_{max} 分别为定义的最大值和最小值，δ 为初始赋值，大部分文献数值参数设置为 0.618。

按照以上分析，对应的算法步骤为：

步骤 1，初始化参数，包括鱼群规模 N，视觉范围 $visual_{min}$ 和 $visual_{max}$，最大尝试步数 try_number 和拥挤度因子 δ_{min}、δ_{max}；

步骤 2，随机设置人工鱼的位置，记录每个人工鱼的位置和适应度函数值，将最优人工鱼状态更新到公告板；

步骤 3，按照评价函数对人工鱼的下一步行为进行选择，其中鱼群更新公式如式（2）~（5），视觉范围更新如式（6），拥挤因子函数如式（7）；

步骤 4，对所有个体进行评价，当鱼群找到目标时，保存找到目标点的鱼群路径 $\{P_1, P_2, \cdots, P_n\}$，并记录构成可行解的路径数目；

步骤 5，当公告板的误差在允许范围内或者大于迭代次数则结束计算，否则返回第三步；

步骤 6，输出最短路径组合。

2. 数据分析

研究算法分析中，基础参数一致，人工鱼群个体 N=50，visual=10，δ=0.618，try_number=8，M_t=100。定义传统算法为 AFSA1，路径可行解记录的人工鱼群算法为 AFSA2，本文所述在路径可行解中改进视觉范围函数和拥挤度因子函数的人工鱼群算法为 AFSA3。AFSA3 中的参数设置 $visual_{min}$=1，$visual_{max}$=20，δ_{min}=0.01，δ_{max}=0.9，m=100。三种算法都取 50 组随机初始值进行实验，记录最短路径和最长路径。路径规划结果如表 6-1 所示，路径输出如图 6-2 所示，算法迭代过程如图 6-3 所示。

表 6-1　20×20 栅格环境对比

模型	最短路径	最长路径	平均值	t/s
AFSA1	31.2	36.7	33.9	8.72
AFSA2	36.7	39.2	37.9	8.94
AFSA3	31.2	33.5	32.3	8.08

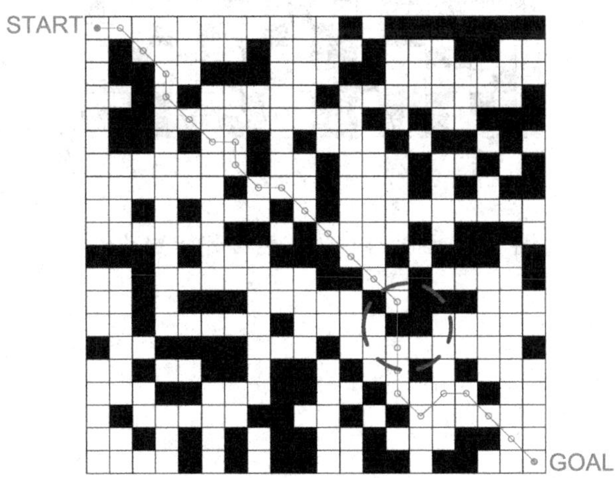

（a）AFSA1

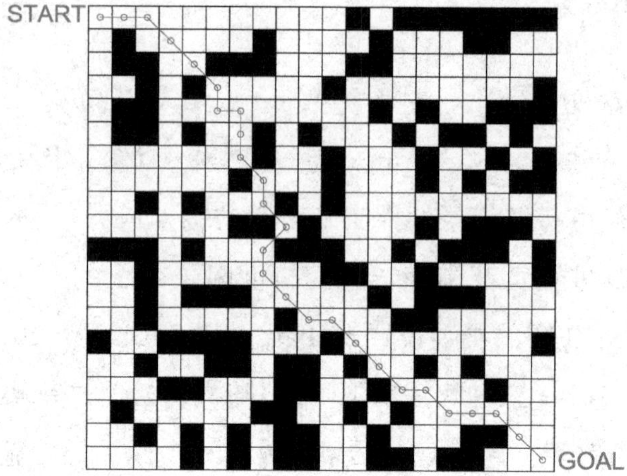

（b）AFSA2

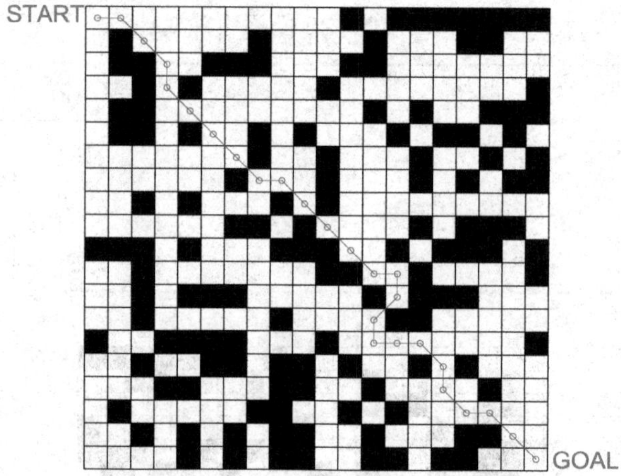

（c）AFSA3

图 6-2　20×20 栅格路径输出对比图

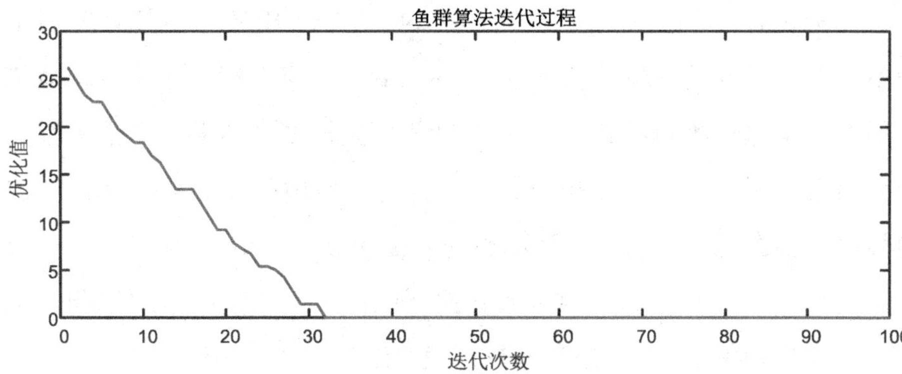

（a）AFSA1

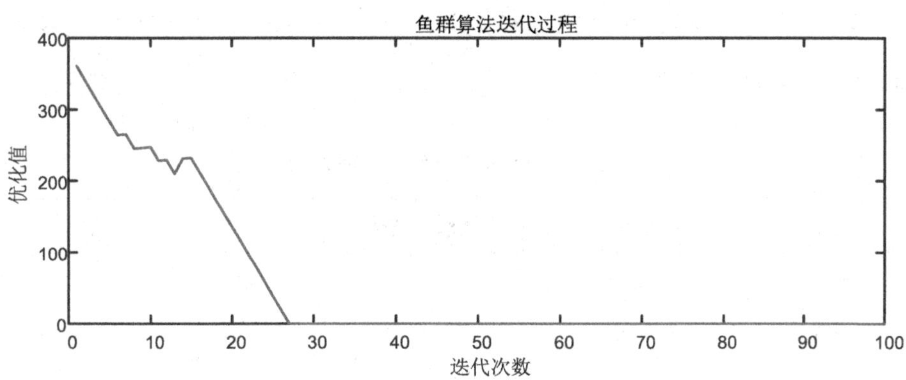

（b）AFSA2

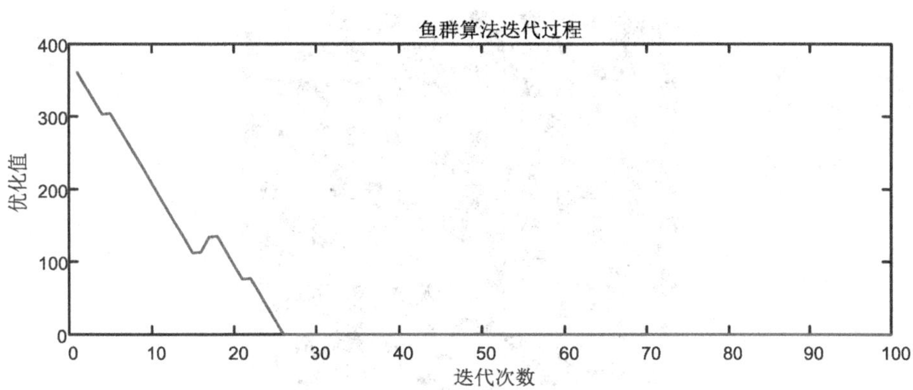

（c）AFSA3

图 6–3　迭代输出图

分析表 6-1 和图 6-3，可知传统的 AFSA1 中的路径规划容易出现不合理，会有越过障碍物的情况；AFSA2 在可行解记录中再求最优解能有效消除这种情况，但是由于记录数值较多，如果视觉范围参数和拥挤度因子与传统人工鱼群算法一样为固定值的话，路径就无法求得最优，多次运行，路径无法获得最好的路线；AFSA3 在可行解记录方法中加入改进的视觉范围函数和拥挤度因子函数，能有效地随着迭代次数自行调整，所获得路径最优且稳定，同时运行时间也最短。在三种算法中，迭代次数最少的是 AFSA2 和 AFSA3。

表 6-2 为 25×25 的栅格路径规划结果，图 6-4 为 25×25 的路径输出图像，参数与原来一致。

表 6-2　25×25 栅格环境对比

模型	最短路径	最长路径	平均值	t/s
AFSA1	42.9	50.1	46.5	15.7
AFSA2	44.9	48.2	46.5	15.4
AFSA3	38.6	43.7	41.1	15.3

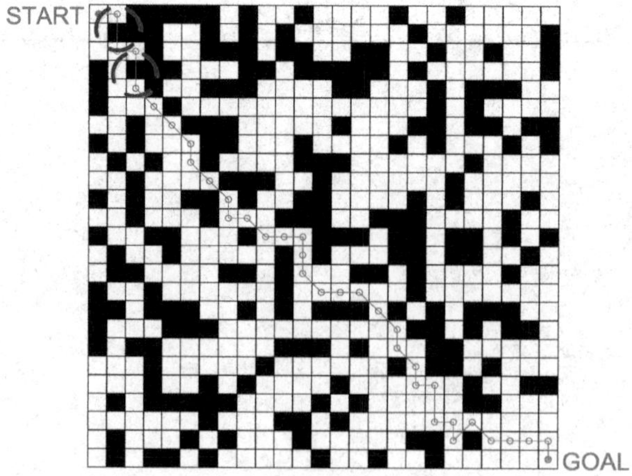

（a）AFSA1

（b）AFSA2

（c）AFSA3

图 6-4 25×25 路径输出对比图

表 6-3 为 40×40 的栅格路径规划结果，图 6-5 为 40×40 的路径输出图像，参数与原来一致。

表 6-3　40×40 栅格环境对比

模型	最短路径	最长路径	平均值	t/s
AFSA1	72.5	83.2	77.8	58.7
AFSA2	73.3	85	79.1	58.9
AFSA3	68.4	70.7	69.5	58.1

（a）AFSA1

（b）AFSA2

（c）AFSA3

图 6-5　40×40 路径输出对比图

分析表 6-2 和表 6-3 可知，随着路径环境变得复杂，改进方法 AFSA3 的优势更加明显。从图 6-4 和图 6-5 可知，栅格越复杂，AFSA1 出现不合理规划的次数越多。AFSA2 记录找到目标点的鱼群路径，从可行解中寻优的方法能有效地避免路径规划的不合理性，但是路径中的收敛速度和搜索精度随着栅格复杂程度的提高而降低。AFSA3 改进的视觉范围指数函数和拥挤度因子函数，能有效地提高搜索精度并加快收敛速度，使其在全局最优中保证了局部的收敛性。

利用路径最优规划，提出了记录可行解寻优方法与改进视觉范围指数函数和拥挤度因子函数方法，根据目标点的鱼群路径进行记录形成可行解，在可行解中进行寻优，避免了全局曲线和局部曲线互扰，同时用可调整函数来替代固定的视觉范围和拥挤度，提高了算法的寻优能力和搜索精度。通过数据表明，在不同的工作环境中，改进方法比传统方法更具优势，而且随着工作环境复杂程度的增加，其优势更加明显。

三、建立供应链物流配送通道

建立经济区供应链，形成增强区域经济联系，适应民族、文化传统以及社会发展需要的企业发展联合体，是社会经济活动专业化分工与协作在空间上的反映。在区域范围内的一切物流配送活动，包括运输、保管、包装、装卸、流通加工和信息传递等功能实体性的流动，以及物流配送过程中各环节的物品流通，形成了经济区供应链物流配送体系。

基于北部湾经济区的供应链规划，应以其域内的南宁、湛江、海口三市为中心，形成海陆空一体化的物流运输机制，协调发展，构建结构合理、综合运输能力和运输质量明显提高的综合物流配送系统。

1. 海上物流通道

构建以防城港、湛江港和海口港等港口为主的海上运输交通体系。目前这些港口初具区域性航运中心、物流中心规模，发挥黄金水道作用，已建成以层次分明、协调发展的港口为主的海上交通体系。接下来，可依托沿江各港口与物流基地，构筑水运物流通道及畅通的疏港交通体系。

2. 高速公路通道

以经济区内的高速公路网络通道为基础，辅以信息化和网络化，提高高速公路网络运输效率，将南宁市、湛江市和海口市建设成为经济区的主枢纽，形成全方位的高速公路物流配送系统网。

3. 铁路通道

充分发挥国家铁路干线的巨大潜能，进一步完善北部湾经济区的铁路建设，以高标准对现有的铁路网络进行改造，构筑运输能力和运行速度一流的北部湾区域铁路物流配送通道。

4. 航空快速通道

北部湾经济区内，目前在南宁、湛江和海口三市建有机场，可加快建设机场基础设施和配套设施，完善运输服务功能，对三地的航线结构进行调整，形成以南宁为中心、其他两地为辅的航空干线快速物流通道。

北部湾经济区供应链物流配送体系是在北部湾都市群上形成的，并因应经济及企业发展的需要而发展。供应链物流配送体系是北部湾区域经济的构成要素，是北部湾区域经济系统形成与发展的重要力量，它对提高生产领域、流通领域的效率和经济效益，提高北部湾区域市场竞争能力，改变生产企业的布局和生产方式，都发挥着积极的能动作用。而北部湾区域经济的各种物质能量交换活动的扩大，又为北部湾经济区供应链的发展提供了必要的基础，推动了北部湾经济供应链的发展，从而推动了北部湾城市群经济的发展。

第七章

基于供应链的企业创新绩效评价及风险管理

第一节　供应链企业创新绩效评价概述

对于供应链的整体运作效率和供应链业务流程的动态评价，一般可以用两个特性指标来衡量：一是从质量、成本、服务、可靠性、订货提前期等方面来评价产品的性能；二是过程中如何对需求的变化和对没有预见到的供应链中断事件做出反应。

通过信息流、物流及信息流将供应链所有合作企业及最终用户联系起来的整体管理模式，比单一企业管理模式更加复杂，相应的，它对于创新绩效的评价也与单一企业不同。

一、供应链企业创新绩效评价原则

根据供应链运行机制的基本要求和目标，供应链创新绩效反映供应链整体运营状况以及上下游合作企业之间的运营关系，而不是单独地评价某一供应商的运营情况。因此，评价供应链创新绩效，不仅要评价合作企业的创新绩效，还要考虑创新绩效对其上下游合作企业以及供应链整体的影响。而构建面向北部湾经济区的供应链，同样需要考虑区域的发展现实及其影响。

随着北部湾经济区供应链的研究与实践的不断深入，要考虑建立与之相适应的供应链创新绩效评价方法，并确定相应的创新绩效评价指标体系。在建立基于供应链有效评价企业创新绩效的评价模式时，应遵循如下原则：

（1）突出重点，对关键创新绩效指标进行重点分析。

（2）以供应链业务流程的创新绩效指标体系为依据。

（3）创新绩效评价要能够反映整个供应链的运营情况。

（4）创新绩效度量范围与实时运营信息相联系。

（5）通过创新绩效评价能够衡量供应链合作企业及最终用户的关系。

二、供应链企业创新绩效评价方法

对供应链企业创新绩效进行有效的管理与评价，将有利于实现供应链的整体效益。对供应链企业创新绩效的评价，主要采用关键指标法和平衡计分卡两种方法。

（1）关键指标法。在关键指标法中，功能型的组织和工作组被建立起来，并跟踪被认为是跟企业创新绩效衡量最相关的关键指标。关键指标法的缺点是：聚焦于功能性关键指标，更注重局部最优，而忽略了整体的利益。

（2）平衡计分卡。使用平衡计分卡的组织创造了一个能够均衡反映财务、顾客、内部业务流程和创新的关键指标体系。使用平衡计分卡的目的是通过给经理提供包括有形资产和无形资产在内的更为广泛的视角和观点，以使经理能做出更好的决策。尽管在概念上非常引人注目，但大部分平衡计分卡是作为静态的管理“记录仪表”而实施，而不能成为驱动力量或者提高创新绩效。

三、供应链企业创新绩效评价的作用

为了评价实施供应链给企业群体带来的效益，方法之一就是对供应链的运行状况进行必要的度量，并根据度量结果对供应链的创新绩效进行评价。基于供应链的企业创新绩效评价主要有以下四个方面的作用。

（1）用于对整个供应链的运行效果做出评价。主要考虑供应链与供应链间的竞争，为供应链在市场中的组建、运行和撤销的决策提供必要的客观依据。其目的是通过基于供应链的企业创新绩效评价获得对整个供应链运行状况的了解，找出供应链运作方面的不足，及时采取措施予以纠正。

（2）用于对供应链上各个成员企业的创新绩效做出评价。主要考虑供应链对其成员企业的激励，吸引企业加盟，剔除不良企业。

（3）用于对供应链内企业与企业之间的合作关系做出评价。主要考察供应链的上游合作企业对下游合作企业提供的产品和服务的质量，从用户满意度的角度评价上下游企业之间的合作伙伴关系。

（4）除了对基于供应链的企业创新绩效进行评价外，这些指标还可起到对企业的激励作用，包括供应链核心企业对非核心企业的激励，也包括供应商、制造商和销售商之间的相互激励。

第二节　供应链企业创新绩效评价指标

供应链要实现持续发展，就需要不断地进行创新，供应链合作企业创新能力的核心衡量指标，也是企业获得核心竞争力的关键性指标。供应链合作企业创新绩效指标所涉及的因素比较多，确定指标的方法也比较多，包括BP神经网络算法、DEA（Data Envelopment Analysis的缩写，即数据包络分析）法、层次分析法、因子分析法和专家评价法等，这些评价方法的第一步都是确定指标，然后对各指标进行量化处理，最后根据量化的数值进行运算得出评价结果。在企业创新绩效指标研究方面，李宇等构建了企业科技创新能力指标体系并进行评价；曹萍等分析了企业技术创新能力并运用ANP（Analytic Network Process，即网络分析法）的方法对其进行评价；刘晶研究了企业科技创新能力并基于DEA法对其进行评价；游达明等利用了层次分析法对企业技术创新能力进行评价；傅利平等研究了企业的核心创新能力并利用模糊层次分析法对其进行分析。对各个评价指标进行量化处理并进行运算，并不是问题，问题在于这些指标的确定上。如果我们能科学有效地确定这些评价指标，则企业创新绩效体现其创新能力，也就能更准确地反映出来。在处理模糊性和不确定性数学问题上，粗糙集理论比模糊集、概率统计等方法的优越性更高。

通过对文献的整理与分析，我们发现供应链合作企业创新绩效指标研究已经有一定的基础，并对创新绩效指标对于企业创新能力评价的必要性已经达成一定的共识，但是在涉及确定企业创新绩效指标的具体内容上有着不同的看法和结果。现结合供应链合作企业创新战略的背景，从理论上确立供应链合作企业创新绩效指标的主要路径，初步建立供应链合作企业绩效指标，然后利用粗糙集确定供应链合作企业创新绩效指标，并对指标数据进行分析、运算，确定一级指标和二级指标权重，最后确定创新绩效指标综合权重，形成赋权的创新绩效指标体系。

一、初步评价指标约简

1. 建立创新初级指标

供应链合作企业要保持其竞争力，就必须保证其科研创新能力。由于供应链合作企业的科研创新能力所涉及的范围比较广，也比较复杂，要准确地对合作企业的科研创新能力进行评价，需要考虑各方面的因素。现结合现有的理论及对科技企业技术创新能力进行调研的基础上，将合作企业技术创新能力分为资金、研发、智造、销售、管理等 5 个方面的能力，并初步建立影响指标，如表 7-1 所示。由于影响评价的指标较多，考虑到可能个别评价指标具有重复性或冗余，需要再将这些指标由有经验的人员进行评判，将评判结果进行量化处理，运用粗糙集理论约简，剔除具有重复性或冗余的指标，确定企业科研创新能力核评价指标，建立供应链合作企业技术创新能力评价指标体系。

表 7–1 企业创新初级指标

指标分类	评价指标
资金能力	研发投入资金比例
	人均研发经费
	营销费用比例
	更新设备资金
	科研成果奖励
研发能力	研发人员比重
	研发人员素质
	人均专利数
	研发经费年增长率
	创新产品开发时间
制造能力	生产设备水平
	产品创新率
	产品合格率
	设计生产到完成
销售能力	产品周转率
	数量适应性
	新产品销售
管理能力	企业管理运营能力
	激励机制
	团队协作能力
	企业信息化水平
	员工能力

2. 约简与核

定义：令 r 为一族等价关系，$R\in r$，若 ind（r）=ind（r−{R}），则 R 为 r 中不必要的。

如果每一个 $R\in r$ 都为 r 中必要的，则称 r 为独立的；否则称 r 为依赖的。

可得出定理 1：若 r 独立且 $P\subseteq r$，则 P 也是独立的。

设 $Q\subseteq P$，如果 Q 是独立的，且 ind（Q）=ind（P），则称 Q 为 P 的约简之一。P 的约简可以有多个，P 的所有必要关系组成的集合称为 P 的核，记作 core（P）。

可得出定理 2：core（P）= ∩ red（P），其中 red（P）表示 P 的所有约简。

令 P、Q 为定义在 U 上的两个等价关系簇，Q 的 P 正域可记作 pos_p（Q），即：

$$pos_P(Q)=pos_{(P-\{R\})}(Q)$$

则 P 相对于 Q 是独立的，先决条件是 P 中的 R 都为 Q 必要的。

设 $S\subseteq P$，S 为 P 的 Q 约简，当且仅当 S 是 P 的 Q 独立子族且 pos_S（Q）=pos_P（Q），P 的 Q 约简为相对约简。P 中所有 Q 的必要原始关系构成的集合，称为 P 的核，记作 coreQ（P）。

可得出定理 3：$core_Q$（P）= ∩ red_Q（P），其中 red_Q（P）是所有 P 的 Q 约简构成的集合。

（1）构造决策表。

给定信息系统 S=（U，A，V，f），信息系统与一个知识库相对应，因此可以把一个数据表格看成一个知识库。

决策表包含条件属性和决策属性，它可以根据信息系统定义如下：

S=（U，A，V，f）；A=C∪D，C∪D =Φ（其中条件属性集为 C，决策属性集为 D）。

表 7-1 是初步得出的企业技术创新能力评价指标，虽然这些指标对企业技术创新能力的评价比较全面，几乎涵盖了各个方面，但是也不可避免地存在一些重复或冗余的指标。为了使所得到的指标准确而精简，从而方便评价，又进一步让有经验的人员对这些初级指标按重要到不重要的程度，以 4、3、2、1 四个级别进行评价，最后将评价收集的数据填入构造好的粗糙集决策表。

（2）创新绩效指标的属性约简。

对指标数据进行一一分析并检查其影响，核属性影响，非核属性则不影响，最后将非核心指标去掉。设 C 为条件属性集，D 为决策属性集。

通过逐一比较分析，可知核属性集为：

$$U/D=\begin{Bmatrix}\{5,15,29,34\},\{6,10,12,18,21,24,28,31\},\{1,2,7,9,14,\\16,19,22,25,27,32\},\{2,3,8,11,13,17,20,23,26,30,33\}\end{Bmatrix}$$

$$U/C=\begin{Bmatrix}\{1\},\{2\},\{3\},\{4\},\{5\},\{6\},\{7\},\{8\},\{9\},\{10\},\{11\},\{12\},\{13\},\{14\},\{15\},\{16\},\{17\},\{18\},\\\{19\},\{20\},\{21\},\{22\},\{23\},\{24\},\{25\},\{26\},\{27\},\{28\},\{29\},\{30\},\{31\},\{32\},\{33\},\{34\}\end{Bmatrix}$$

$$Pos_C{}^D=\begin{Bmatrix}1,2,3,4,5,6,7,8,9,10,11,12,13,14,15,16,17,18,\\19,20,21,22,23,24,25,26,27,28,29,30,31,32,33,34\end{Bmatrix}$$

$$U/C-\{I_1\}=\begin{Bmatrix}\{1\},\{2\},\{3\},\{4,11\},\{5\},\{6\},\{7\},\{8\},\{9\},\{10\},\{12\},\{13\},\{14\},\{15\},\{16\},\{17\},\{18\},\\\{19\},\{20\},\{21\},\{22\},\{23\},\{24\},\{25\},\{26\},\{27\},\{28\},\{29\},\{30\},\{31\},\{32\},\{33\},\{34\}\end{Bmatrix}$$

$$Pos_{C-\{I_1\}}{}^D=\begin{Bmatrix}1,2,3,5,6,7,8,9,10,12,13,14,15,16,17,18,19,\\20,21,22,23,24,25,26,27,28,29,30,31,32,33,34\end{Bmatrix}$$

$Pos_{C-\{I_1\}}{}^D \neq Pos_C{}^D$

$\therefore$ I_1 为核属性。

同理，对 I_2、I_3、I_4、I_5、I_6、I_7、I_8、I_9、I_{10}、I_{11}、I_{12}、I_{13}、I_{14}、

I_{15}、I_{16}、I_{17}、I_{18}、I_{19}、I_{20}、I_{21}、I_{22} 进行逐一寻找，去掉可去指标，得到核指标：

Core $=\{I_1, I_2, I_3, I_4, I_5, I_6, I_8, I_{10}, I_{11}, I_{12}, I_{13}, I_{14}, I_{15}, I_{17}, I_{18}, I_{19}, I_{20}\}$

$Pos_{\{I1, I2, I3, I4, I5, I6, I8, I10, I11, I12, I13, I14, I15, I17, I18, I19, I20\}}D = Pos_C D$

去掉重复或冗余，得最小相对约简指标：

$\{I_1, I_2, I_3, I_4, I_5, I_6, I_8, I_{10}, I_{11}, I_{12}, I_{13}, I_{14}, I_{15}, I_{17}, I_{18}, I_{19}, I_{20}\}$

（3）创新绩效指标体系。

由粗糙集约简评价指标得出核属性，将核属性按 1 ~ 9 的顺序重新编号作为企业技术创新能力指标的重要属性，并据此建立资金能力、研发能力、智造能力、销售能力和管理能力等 5 项功能及其所包括的指标共 17 项，如表 7–2 所示。

表 7–2　企业创新核指标

指标分类	评价指标	
资金能力	I_1	研发投入资金比例
	I_2	人均研发经费
	I_3	营销费用比例
	I_4	更新设备资金
	I_5	科研成果奖励
研发能力	I_6	研发人员比重
	I_7	人均专利数
	I_8	创新产品开发时间

续表

指标分类	评价指标	
制造能力	I_9	生产设备水平
	I_{10}	产品创新率
	I_{11}	产品合格率
	I_{12}	设计生产到完成
销售能力	I_{13}	产品周转率
	I_{14}	新产品销售
管理能力	I_{15}	企业管理运营能力
	I_{16}	激励机制
	I_{17}	团队协作能力

3. 构建企业创新绩效指标权重模型

计算权重可采用客观赋值法和主观赋权法两种。第一类通常包括均方差和主成分分析法等，其数据来源于创业实践；第二类通常包括层次分析法、古林法及德尔菲法等，是由专家根据标度法或经验得出主观的原始数据。

（1）运用层次分析法。

层次分析法是决策者根据标度法原则，将其经验判断予以量化，从而将一些定性决策问题定量化。

步骤 1，构建层次结构模型，其包含目标层、准则层和指标层三个层级。

步骤 2，确定本层相对于上一层级要素权重，两两比较其重要程度，其标度如表 7–3 所示。

表 7-3　标度

标度 a_{ij}	定义
1	i 因素与 j 因素相同重要
3	i 因素与 j 因素略重要
5	i 因素与 j 因素较重要
7	i 因素与 j 因素非常重要
9	i 因素与 j 因素绝对重要
2，4，6，8	为以上两判断之间的中间状态对应的标度值
倒数	若 j 因素与 i 因素比较，得到判断值为 $a_{ij}=1/a_{ji}$　$a_{ij}=1$

步骤 3，判断矩阵的特征向量（ω_1，Λ，ω_n）^{T}，基于判断矩阵得出 $\sum_{i=1}^{m} a_{ij}$，令 $b_{ij}=a_{ij}\Big/\sum_{i=1}^{m} a_{ij}$，算得 $\omega_i=\sum_{j=1}^{n} b_{ij}\big/n$；先计算 $\varpi_i=(\prod_{j=1}^{n} a_{ij})^{1/n}$，再归一化处理得 $\omega_i=\dfrac{\varpi_i}{\sum_{j=1}^{n}\varpi_i}$，W=（$\omega_1$，$\Lambda$，$\omega_n$）T。

步骤 4，计算最大特征值 λ_{max}，$\lambda_{max}=\frac{1}{n}\sum_{i=1}^{n}\dfrac{\sum_{j=1}^{n} a_{ij}\omega_j}{\omega_i}$；一致性检验 CI=$\lambda_{max}$-n/n-1，以一致性比例 CR=CI/RI 值为检验标准，判断矩阵是否具有一致性，其随机一致性指标 RI 的取值，如表 7-4 所示。

表 7-4　随机一致性指标 RI 的取值

维数	1	2	3	4	5	6	7	8	9	10	11
RI	0	0	0.58	0.90	1.12	1.24	1.32	1.41	1.45	1.49	1.51

（2）构建指标模型。

根据对企业的调查，利用层次分析法构建企业创新绩效指标模型，如图 7-1 所示。

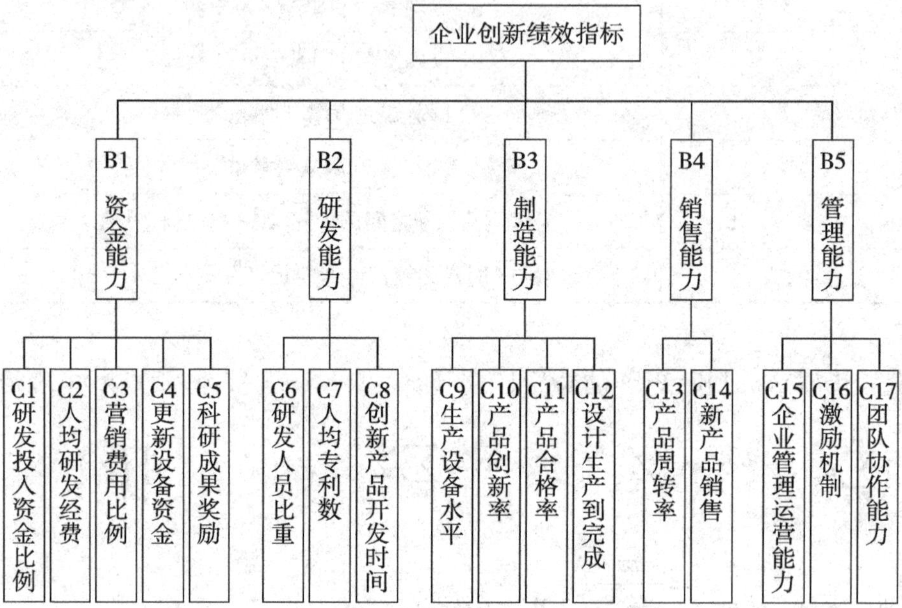

图 7-1 企业创新绩效指标结构

二、数据处理

1. 准则层权重的确定

对数据进行处理，并基于层次分析法对各层级进行运算，得出指标的权重。鉴于创新绩效指标数目较多，因此利用了 MATLAB 软件进行数据处理。

基于层次分析法构造 A-B 判断矩阵，如表 7-5 所示，确定准则层权重，计算特征向量等值，并进行一致性检验。

表 7–5　判断矩阵 A–B

B_1	C_1	C_2	C_3	C_4	C_5
C_1	1	1	3	3	2
C_2	1	1	2	1	1
C_3	1/3	1/2	1	1/3	1/2
C_4	1/3	1	3	1	1/3
C_5	1/2	1	2	3	1

运算基于 MATLAB 软件进行，得出其最大特征值及其特征向量。具体运算如下：

```
>> A=[1, 1, 3, 3, 2; 1, 1, 2, 1, 1; 1/3, 1/2, 1, 1/3, 1/2; 1/3, 1, 3, 1, 1/3; 1/2, 1, 2, 3, 1]
>> [V, q]=eig（A）
V =
-0.6718   -0.3146+0.4792i   -0.3146-0.4792i   0.6854            0.6854
-0.4270   0.3083+0.1838i    0.3083-0.1838i    -0.2510-0.4757i   -0.2510+0.4757i
-0.1824   0.1437+0.0576i    0.1437-0.0576i    0.0272+0.1676i    0.0272-0.1676i
-0.3161   0.0611-0.4160i    0.0611+0.4160i    0.0877-0.0515i    0.0877+0.0515i
-0.4829   -0.5847           -0.5847           -0.4192+0.1614i   -0.4192-0.1614i
q =
5.2993    0                 0                 0                 0
0         -0.0634+1.2130i   0                 0                 0
0         0                 -0.0634-1.2130i   0                 0
0         0                 0                 -0.0863+0.2853i   0
0         0                 0                 0                 -0.0863-0.2853i
```

于是得出判断矩阵的最大特征值 λ_{man}=5.2993，其对应的特征向量为：

V=[0.6718，0.4270，0.1824，0.3161，0.4829]^T

指标一致性：

$$CI=\frac{\lambda_{\max}-n}{n-1}=0.0748$$

比率随机一致性：

$$CR=\frac{CI}{RI}=0.0584/0.9=0.0623<0.1$$

则其矩阵具满意一致性。

归一化处理后，其权重为：

W$^{(A)}$=[0.3229，0.2053，0.0877，0.1520，0.2321]^T

2. 指标层权重的确定

通过准则层（i=1，2，…，11）对指标层 C_j（j=1，2，…，6）的判断矩阵，来确定指标层权重。

（1）B_1–C 判断矩阵，如表 7–2 所示。

表 7–2 判断矩阵 B_1–C

B_1	C_1	C_2	C_3	C_4	C_5
C_1	1	2	2	2	3
C_2	1/2	1	2	2	3
C_3	1/2	1/2	1	2	3
C_4	1/2	1/2	1/2	1	2
C_5	1/3	1/3	1/3	1/2	1

利用 MATLAB 运算，得其最大特征值及其对应的特征向量：

λ_{man}=5.1463，V=[0.6887，0.5206，0.3936，0.2712，0.1616]^T

指标一致性：

$$CI = \frac{\lambda_{max} - n}{n - 1} = 0.0366$$

比率随机一致性：

$$CR = \frac{CI}{RI} = 0.0327 < 0.1$$

则其矩阵具满意一致性。

归一化处理后，其权重为：

$$w^{(B_1)} = [0.3383，0.2557，0.1934，0.1332，0.0794]^T$$

（2）B_2–C 判断矩阵，如表 7–3 所示。

表 7–3 判断矩阵 B_2–C

B_2	C_6	C_7	C_8
C_6	1	3	5
C_7	1/3	1	3
C_8	1/5	1/3	1

利用 MATLAB 运算，得其最大特征值及其对应的特征向量为：

λ_{man}=3.0385，V=[0.9161，0.3715，0.1506]^T

指标一致性：

$$CI = \frac{\lambda_{max} - n}{n - 1} = 0.0678$$

比率随机一致性：

$$\mathrm{CR}=\frac{\mathrm{CI}}{\mathrm{RI}}=0.0077<0.1$$

则其矩阵具满意一致性。

归一化处理后，其权重为：

$$w^{(B_2)}=[0.6370，0.2083，0.1047]^T$$

（3）B_3–C 判断矩阵，如表 7–4 所示。

表 7–4　判断矩阵 B_3–C

B_3	C_9	C_{10}	C_{11}	C_{12}
C_9	1	1/2	1/2	1/3
C_{10}	2	1	1/2	1
C_{11}	2	2	1	1/2
C_{12}	3	1	2	1

利用 MATLAB 运算，得其最大特征值及其对应的特征向量为：

$$\lambda_{man}=4.1707，V=[0.2256，0.4426，0.5299，0.6873]^T$$

指标一致性：

$$\mathrm{CI}=\frac{\lambda_{max}-n}{n-1}=0.0569$$

比率随机一致性：

$$\mathrm{CR}=\frac{\mathrm{CI}}{\mathrm{RI}}=0.0632<0.1$$

则其矩阵具满意一致性。

归一化处理后，其权重为：

$$w^{(B_3)}=[0.1197，0.2347，0.2811，0.3645]^T$$

（4）B_4–C 判断矩阵，如表 7–5 所示。

表 7–5 判断矩阵 B_4–C

B_4	C_{13}	C_{14}
C_{13}	1	3
C_{14}	1/3	1

利用 MATLAB 运算，得其最大特征值及其对应的特征向量为：

$$\lambda_{man}=2，V=[0.8944，0.4472]^T$$

指标一致性：

$$CI=\frac{\lambda_{max}-n}{n-1}=0$$

比率随机一致性：

$$CR \quad \frac{CI}{RI}=0<0.1$$

则其矩阵具满意一致性。

归一化处理后，其权重为：

$$w^{(B_4)}=[0.6667，0.3333]^T$$

（5）B_5–C 判断矩阵，如表 7–6 所示。

表 7–6 判断矩阵 B_5–C

B_5	C_{15}	C_{16}	C_{17}
C_{15}	1	1/2	1
C_{16}	2	1	1
C_{17}	1	1	1

利用 MATLAB 运算，得其最大特征值及其对应的特征向量为：

$$\lambda_{man}=3.0536，V=[0.4425，0.7024，0.5575]^T$$

指标一致性：

$$CI=\frac{\lambda_{max}-n}{n-1}=0.027$$

比率随机一致性：

$$CR=\frac{CI}{RI}=0.027<0.1$$

则其矩阵具满意一致性。

归一化处理后，其权重为：

$$w^{(B_4)}=[0.2599，0.4126，0.3275]^T$$

3. 创新绩效指标综合权重

对创新绩效指标中的各级指标权重进行计算，得出综合权重，如表 7–7 所示。

表 –7–7　指标综合权重

一级指标及权重	二级指标及权重	综合权重
资金能力 0.3229	研发投入资金比例 0.3383	0.1092
	人均研发经费 0.2557	0.0826
	营销费用比例 0.1934	0.0624
	更新设备资金 0.1332	0.0430
	科研成果奖励 0.0794	0.0256
研发能力 0.2053	研发人员比重 0.6370	0.1308
	人均专利数 0.2583	0.0530
	创新产品开发时间 0.1047	0.0215

续表

一级指标及权重	二级指标及权重	综合权重
制造能力 0.0877	生产设备水平 0.1197	0.0105
	产品创新率 0.2347	0.0206
	产品合格率 0.2811	0.0247
	设计生产到完成 0.3645	0.0320
销售能力 0.1520	产品周转率 0.6667	0.1013
	新产品销售 0.3333	0.0507
管理能力 0.2321	企业管理运营能力 0.2599	0.0603
	激励机制 0.4126	0.0958
	团队协作能力 0.3275	0.0760

4. 创新绩效评价结果

根据上述原理与考核评价模式，计算出 A、B、C 三家企业创新绩效考核评价得分和综合得分，如表 7–8 所示。

表 7–8　企业创新绩效考核评价得分和综合得分

企业	资金能力	研发能力	制造能力	销售能力	管理能力	总得分
A	4.012	4.210	4.017	4.014	4.171	4.095
B	3.452	3.975	3.984	3.097	4.001	3.702
C	4.108	4.253	4.301	4.077	4.019	4.152

通过以上的研究分析表明，企业绩效指标包括了资金、研发、制造三方面的能力，还包含了销售和管理方面的能力。由于企业创新涉及的能力是多方面的，因此，根据研究得出的一级指标和二级指标权重，计算出了每个企业的绩效指标综合权重。

企业创新绩效指标的研究与指标确立是一个全面而复杂的过程，在供应链合作企业的创新绩效评价过程中，由于供应链合作企业属于不同的企业，所以其特点也有所不同，对于供应链合作企业创新绩效的评价，还需要根据北部湾经济区的营商环境及企业的实际情况进行。

第三节 供应链风险管理

随着供应链管理范围的不断扩展，企业遇到的挑战也在不断增加，供应链风险管理已成为供应链管理的一个新的热点研究方向。

供应链是一个复杂的系统，其风险是很难界定的。供应链风险是由于供应链系统所存在的脆弱性，对供应链系统造成破坏，给上下游企业及整个供应链带来损失的潜在威胁。总的来看，供应链风险源于各种不确定性因素的存在，由于供应链上的合作企业之间是相互依赖的，任何一个企业出现问题都有可能波及其他企业，影响整个供应链的正常运作，造成供应链的安全问题。

一、供应链风险分析

1. 需求不确定性风险

产品的生产与销售是以市场需求为导向的，供应链的构建与运作，也是以市场需求为导向的。而市场会存在不确定性，其不确定性一方面来自经济周期变化，另一方面则可能来自消费者的需求偏好。供应链中的生产、运输、供给和销售等都建立在对需求准确预测的基础之上，但是由于全球经济周期的变化及消费者需求的变动，不仅增加了准确预测市场的难度，也增加了整个供应链的经营风险，因此，供应链合作企业需要时刻关注宏观的经济变动及微观的需求变化。

2. 政策与法律风险

当国家政治、经济政策等因素发生变化时，会对供应链合作资金筹集、投资及其他经营管理活动产生极大影响，使供应链的经营风险增加。当某一国家对产业进行升级或结构调整时，针对一些产业的政策和措施也会发生变化，或是限制或是支持，都会产生影响。当某一国家对其法律法规进行修订或完善时，都会使产品需求产生不确定性，同时供应链面临的法律环境变化，也会诱发供应链经营风险。

3. 供应链管理混乱风险

供应链管理需要核心企业以产品为中心，根据经营理念、文化制度、员工职业素养和核心价值观等因素对供应链进行管理。在供应链的内部管理上，需要注重以下几个方面。

第一，供应链合作企业选择产生的风险。在供应链管理过程中，由于供应链合作企业间必然会存在一定的差异，从而会导致对相同问题的不同看法，采取不一致的工作方法，使得管理上出现差异，造成供应链管理混乱的风险。

第二，信息传递风险。供应链上的各个合作企业都是独立经营和管理的经济实体，供应链实质上是一种松散的企业联盟，当供应链规模日益扩大、结构日趋繁复时，供应链上将会产生大量信息，信息传递相应延迟，导致下游企业之间沟通不充分，出现分歧，产生信息失真，从而产生“牛鞭效应”，导致过量库存。

第三，物流配送风险。供应链合作企业间产品的物流配送是供应链管理的纽带，各合作企业需要根据上下游的需求信息进行材料、半成品或产品的流通，但在实际运行中往往由于信息、交通、生产周期等因素，导致在原料供应、运输、缓存及产品生产、缓存和销售等过程中出现衔接失误，而使得供应链物流配送不畅，产生风险。

第四，资金流通风险。供应链要根据各合作企业的需求，加快资金流通速度。而资金流通需要有高效运作的物流流转作为支撑。如果供应链各成员之间的物流信息共享不及时、不畅通，将会导致资金流通风险。

4. 违约风险

供应链合约双方因为信息的不对称而产生履约困难，将会导致供应链的信任或合作危机，也可能出现供应链合作企业一方为追求单方面的利益最大化而不择手段，偷工减料、以次充好，所提供的物资达不到合同的要求，而带来违约风险。

供应链是以核心企业为基础，由多个企业协同运作。在合作企业中，如果某一个企业存在风险，就其在供应链中的重要程度及可替代性程度而言，重要性越强，则风险越大；可替代性越强，则风险越小。因此，供应链上的每个合作企业都要考虑供应链的风险问题。

供应链的风险，既可能是来自自然灾害这种不可抗力的风险，也可能是来自供应链合作企业中的独家供应商、信息流、企业能力或经济周期性波动等的风险，还有可能是来自供应链环节、生产过程、客户需求等方面的不确定性风险。总之，供应链的风险可能来自各个方面，需要核心企业在供应链管理过程中谨慎预测、应对。

二、供应链风险评估及管理机制

1. 风险评估

供应链一般是以核心企业为中心并联合所有合作企业形成的网链组织，其在管理及运作过程中存在系统风险、信息风险、合作风险、市场环境风险与自然环境风险等。其中，系统风险主要表现为由于物料价格、供应商、产品质量、客户关系管理及库存等因素导致的风险；信息风险主要表现为由于信息失真、信息共享不畅等因素产生的风险；合作风险主要表现为由于合作企业间的利益、协作、利润分配等因素产生的风险；市场环境风险主要表现为由于需求不确定、客户财务状况变化等因素产生的风险；自然环境风险主要表现为由于自然灾害、大流行疾病、行业限制等因素产生的风险。在供应链管理过程中，应根据这些风险因素形成评估体系，作为评价整个供应链风险强弱的标准。

2. 风险管理机制

在供应链管理中，对于供应链合作企业，要着重从风险识别、风险衡量、风险控制、风险实施及风险评价五个方面进行风险管理。其流程包括：建立危机管理小组，定期进行风险分析，做好风险预测，风险应对演练，制订应对措施，开展风险应对，供应链管理绩效评价。危机预警机制的流程，如图 7–2 所示。

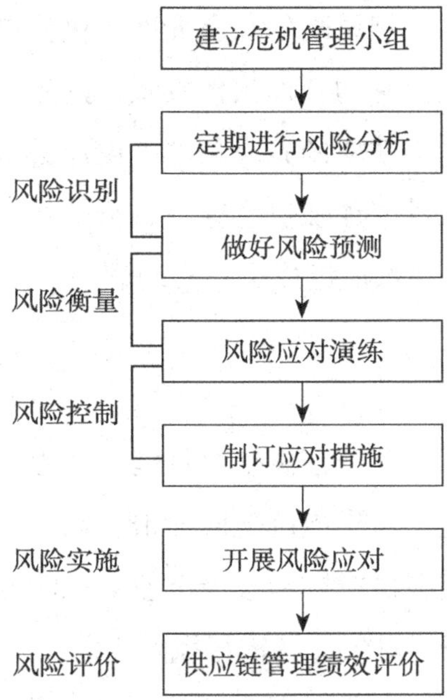

图 7-2　危机预警机制流程

三、供应链风险防范与控制

在供应链环境下，合作企业运作风险防范的一般过程包括风险预测、业务跟踪、判定正常与否确定防范措施。同时，在供应链风险防范过程中要注重信息反馈。

1. 风险防范

针对供应链企业合作存在的各种风险及其特征，应该采取不同的防范对策。为确保产品供应稳定，供应链应从多个渠道选择合作企业，减少因某合作企业的不稳定而产生的影响。当某个合作企业出现供应问题，应及时调整供应链战略，深化供应链合作企业的合作机制，形成共享利润、共担风险的双赢局面。供应链中的核心企业，应与其他成员企业建立紧密的合作伙伴关系，这是供应链成功运作、有效防范风险的一个非常重要的先决条件。供应链合作企业之间要建立起长期的战略合作关系，加强供应链各成员的相互信任，以及成员间信息的交流与共享，在供应链成员间实现利益共享和风险共担。

2. 风险控制

供应链建立之后，各个合作企业在运营过程中，必然会因为各种因素而产生各种风险，对供应链造成冲击。因此，应根据供应链的特点及稳定的需要，把握供应链和各个企业对风险的承受能力，制订相应的控制和管理计划，对供应链进行风险控制。

供应链风险控制，要着重关注供应链中的物料产品链风险控制、物流风险控制、资金风险控制、信息风险控制等几个方面。

供应链风险控制是在对供应链风险进行识别和评价的基础上，有针对性地采取积极防范和控制措施的行为。供应链风险控制既要做好预判、预防工作，也要在风险发生之后，及时采取积极措施，将风险所造成的损失降到最低程度。

第八章

总结及展望

本书是基于国家的《北部湾城市群发展规划》，对北部湾经济区供应链管理及其创新绩效进行研究。

随着经济全球化的日益加深，产业链也越来越全球化。为了实现产品的生产、流通与消费（最终用户）的无缝对接，供应链显得尤为重要。在如今这个合作竞争时代，竞争无国界与企业相互渗透的趋势越来越明显，市场竞争在实质上已不再仅仅是单个企业之间的竞争，而更多的是供应链与供应链之间的竞争。面对日趋激烈的竞争，基于某个核心区域或核心企业构建供应链成为当务之急，供应链是促进地区发展的重要的结构模式。

北部湾经济区的发展，同样需要一个完整的供应链体系来作为支撑。发展开放型供应链，实现北部湾经济区供应链整体最优化，能够带动整个经济区的企业发展及绩效创新，推动北部湾城市群的经济发展。

本书着重研究并论述了以下几个方面的内容：

（1）研究北部湾经济区供应链对北部湾城市群发展的作用。

（2）在研究北部湾经济区供应链组织架构的基础上，对供应链组织模型进行构建。

（3）深入研究北部湾经济区供应链管理中的供应链物流配送系统构建、供应链合作企业选择、生产物流协调机制、营销及流程再造等。

（4）深入探讨北部湾供应链企业创新绩效，并分析供应链存在的风险，为北部湾经济区的企业发展与合作战略、供应链管理提供理论支持。

随着国家新一轮全方位开放格局的形成，北部湾经济区将充分把握西部陆海新通道、粤港澳大湾区等战略机遇，打造一批产业发展示范区，加快构建现代产业体系，推动园区高质量发展。在这个过程中，建设一个优质高效的供应链显得尤为重要。本书是在全球竞争的背景下进行北部湾经济区供应链管理研究，该研究主要是从理论层面进行阐述，还有待进一步根据理论研究的结果从实践层面进行探讨与研究。

参考文献

[1] 李宇，关伟，李文超，等 . 高新技术企业技术创新能力及其评价指标 [J]. 辽宁师范大学学报（自然科学版），2007（3）：372–375.

[2] 曹萍，陈福集 . 基于 ANP 理论的企业技术创新能力评价模型 [J]. 科学学与科学技术管理，2010（2）：67–71.

[3] 刘晶，孙利辉，王军 . 高新技术企业技术创新能力评价研究 [J]. 科研管理，2009(3)：19–23.

[4] 游达明，杨文峰 . 高新技术企业技术创新能力评价指标的构建及其应用 [J]. 技术经济，2003（8）：53–55.

[5] 傅利平，王中亚 . 基于模糊层次分析法的企业技术创新能力评价 [J]. 科技管理研究，2010（3）：136–139.

[6] 张文修 . 粗糙集理论与方法［M］. 北京：科学出版社，2001.

[7] 刘清 .Rough 集及 Rough 推理［M］. 北京：科学出版社，2001.

[8] 波特 . 竞争优势 [M]. 北京：华夏出版社，1987.

[9]Pawlak Z.Rough sets[J].International Journal of Information and Computer Science, 1982，11（5）：341–356.

[10]Pawlak Z. Rough sets–theoretical aspects of reasoning about date [M]. Dordrecht：Kluwer Academic Publishers，1991.

[11] 任永功，王杨，阎德勤 . 基于遗传算法的粗糙集属性约简算法 [J]. 小型微型计算机系统，2006，27（5）：562–856.

[12] 贺红燕 . 供应链伙伴供应商选择与激励研究 [D]. 邯郸：河北工程学院，2005–04–01.

[13] 陶志，许宝栋，汪定伟，等 . 基于遗传算法的粗糙集知识约简方法 [J]. 系统工程，2003，12（4）：116–122.

[14]Tiffany Hwu，Alexander Y，Nicolas Oros，et al. Adaptive Robot Path Planning Using a Spiking Neuron Algorithm With Axonal Delays[J]. IEEE Transactions on Cognitive & Developmental Systems，2018，10（2）：126–137.

[15] 霍凤财，迟金，黄梓健，等 . 移动机器人路径规划算法综述 [J]. 吉林大学学报（信息科学版），2018，36（6）：639–647.

[16]Ni J，Wang K，Huang H，et al. Robot path planning based on an improved genetic algorithm with variable length chromosome[C]//2016 12th International Conference on Natural Computation and 13th Fuzzy Systems and Knowledge Discovery (ICNC–FSKD). New York：IEEE，2016.

[17] 徐玉琼，娄柯，李婷婷，等 . 改进自适应蚁群算法的移动机器人路径规划 [J]. 电子测量与仪器学报，2019，33（10）：89–95.

[18] 王徽，黄宜庆，刘晓峰 . 基于检测算子经验学习鱼群算法的

移动机器人路径规划 [J]. 安徽工程大学学报，2019，34（1）：13–20.

[19] 陈佳，游晓明，刘升，等 . 动态分级的改良蚂蚁算法及其应用研究 [J]. 计算机应用研究，2019，36（2）：380–384.

[20] 王明亮，闵新力，薛君志 . 基于改进人工鱼群算法的 WSN 覆盖优化策略 [J]. 微电子学与计算机，2015，32（06）：78–81.

[21] 张雷 . 改进人工鱼群算法的机器人点对点路径规划 [J]. 机械设计与制造，2019（01）：223–226+231.

[22] 陈军章 . 改进人工鱼群算法的机器人路径规划及跟踪 [J]. 机械设计与制造，2019（04）：251–255.

[23] 于卓熙，靳雨佳 . 基于改进人工鱼群算法的回归模型参数估计 [J]. 统计与决策，2018，34（22）：75–77.